Georg May

Breslau – München – Mainz
Mein Lebensweg

GEORG MAY

Breslau – München – Mainz

Mein Lebensweg

Bildnachweis:
© Alle Fotos stammen aus dem Privatbesitz des Autors.

1. Auflage 2022

VIA·VERITAS·VITA

Hauptstr. 22, 88353 Kisslegg • *www.fe-medien.de*

Layout: Hadwig Münstermann

Druck: orth-druk – Printed in EU

ISBN 978-3-7171-1352-2

Inhaltsverzeichnis

Vorwort

Von selbst wäre ich nie auf den Gedanken gekommen, Memoiren zu schreiben. Denn ich leide nicht an Selbstüberschätzung. Doch von mehreren Seiten wurde ich wiederholt aufgefordert, ermuntert oder gedrängt, Erinnerungen vor allem an meine akademische Tätigkeit niederzulegen. Das Argument, dass damit der geschichtlichen Erkenntnis ein (bescheidener) Dienst erwiesen werden würde, machte einen gewissen Eindruck auf mich. Doch zu einem Entschluss führte es nicht. Es kam der Zeitpunkt, zu dem ich die wissenschaftliche Tätigkeit notgedrungen einstellen musste. Es fehlten mir die unentbehrlichen Hilfsmittel und Hilfskräfte. Dieser Mangel machte mich geneigt, dem mehrfach an mich herangetragenen Ansinnen zuzustimmen. So habe ich die vorliegenden Erinnerungen verfasst. Mein Wunsch ist, dass sie allen nützen und niemandem schaden mögen. Meine langjährige treue Mitarbeiterin Frau Dr. Anna Egler hat beträchtlich mitgeholfen, viele Ereignisse der Vergangenheit ins Gedächtnis zu rufen. Mein Neffe Thomas May hat wertvolle redaktionelle Mitarbeit geleistet. Beiden danke ich aufrichtig und herzlich.

Georg May

I.

Herkunft

1. Eltern und Priester

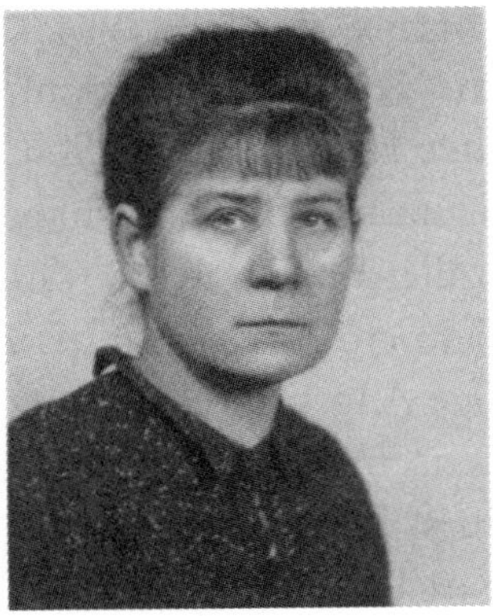

Die Eltern May: Gertrud May, Wilhelm May

In Liegnitz, einer Stadt von etwa 80.000 Einwohnern in Niederschlesien, wurde ich am 14. September 1926 geboren. Der Vater war dorthin zugewandert aus Saarawenze bei Deutsch-Lissa, die Mutter dort geboren. Die Eltern der Mutter stammten aus Kreidelwitz (in der Nähe von Glogau) und Hermannsdorf (bei Jauer). Der Vater war Eisenbahner und tat seinen Dienst an dem Eisenbahnknotenpunkt Liegnitz. Er erlangte in der Deutschen Reichsbahn den Rang eines Oberzugführers, des einzigen im Bahnhof Reichenbach.

1933 wurde er trotz starken Widerstrebens nach Reichenbach/Eulengebirge versetzt. Wir mussten umziehen. Der Dienst des Vaters war in Liegnitz erheblich anstrengender als in Reichenbach. Hier fuhr er nun täglich mehrfach nach Langenbielau und zurück und hatte keinen Nachtdienst. Die Mutter erlernte den Beruf der Schneiderin. Aus der Ehe gingen im Abstand von zwei Jahren drei Kinder hervor, zwei Jungen und ein Mädchen. Ich war der Jüngste. Eine kinderreiche Familie waren wir nicht.

Der Vater ist ein guter Schüler gewesen und wäre gern Förster geworden; doch diese Absicht scheiterte an der Armut seiner Eltern. Er war eminent fleißig, ein äußerst pflichtbewusster Beamter, ein guter Gatte und Vater, friedliebend und hilfsbereit, bescheiden und genügsam, sparsam und vorsichtig, in mancher Hinsicht ängstlich. Seine Schwiegermutter bescheinigte uns und ihm: „Ihr habt einen guten Vater." Er verbreitete allerdings weder Frohsinn noch Optimismus, rechnete vielmehr immer mit dem „worst case", ob es die pflichtmäßige Augenuntersuchung beim Bahnarzt oder das Zusammensein mit der Familie am Heiligen Abend war. Unter seinen Berufskollegen war er wohlgelitten. Er war stolz auf seine lange Militärzeit im Infanterie-Regiment Nr. 51 in Breslau. Im Ersten Weltkrieg war er bei den Kämpfen an der Maas schwer verwundet worden und bezog als Hirnverletzter (mit einer Erwerbsfähigkeit von lediglich 50 Prozent) eine Invalidenrente. Das ihm etwa 1941 unterbreitete Angebot, eine mehrwöchige Kur machen zu können, schlug er aus. Er bewahrte ein Schreiben seines Kompaniechefs auf, in dem es hieß: „Er war der beste Unteroffizier meiner Kompanie."

1933 fuhr er anlässlich der Ausstellung des Heiligen Rocks mit seiner Frau nach Trier und besuchte den Krankenpfleger der Barmherzigen Brüder, in dessen Obhut er nach seiner Verwundung gewesen war. Der Vater lehrte uns Bescheidenheit und Anspruchslosigkeit und warnte vor vielem Reden. Besonders befähigt war er im Rechnen und Schreiben. Er traute sich in Briefen an hochgestellte Persönlichkeiten heran wie an den polnischen Präsidenten Bierut und den bayerischen Kardinal Faulhaber. Seine Leidenschaft oder Vorliebe galt seinem Garten, den er musterhaft bewirtschaftete. Jede freie Minute brachte er dort zu. Es war erstaunlich, welche Erträge er aus dem „Acker" herausholte. Ich hatte wiederholt den Auftrag, den Überschuss an Salat, Kürbissen u. a. an Nachbarn zu verteilen. Wenn ich in den Ferien zu den Großeltern nach Liegnitz fuhr, hatte ich stets einen schweren Koffer mit Erzeugnissen des Gartens dabei. Der Vater zog mich häufig zur Arbeit im und für den Garten heran, vor allem zum Umgraben und Mistholen bei den Hofleuten des Gutes Zettritz, die Schweine hielten.

Die Mutter war hochintelligent, sehr lebhaft, vielfältig interessiert, reiselustig, beinahe erlebnishungrig. Gern unternahm sie mit uns Ausflüge ins Eulen- und Riesengebirge. Sie wollte ein schönes Heim haben. In der „guten Stube" standen geschmackvolle Möbel und ein Klavier. Als gelernte Schneiderin war sie befähigt und gewillt, für die Ihren Kleidung herzustellen und auszubessern. Im Unterschied zum Vater war sie äußerst kommunikativ, hatte gern und machte gern Besuche, war auch auf Anerkennung in der Gesellschaft bedacht. An der ersten Fremdsprache, die mein Bruder lernte, dem Französischen, nahm sie regen Anteil. Sie war unternehmungslustig und risikofreudig, aber auch beherzt. Sie besaß in dem Mehrfamilienhaus, in dem wir wohnten, eine Art Vertrauensstellung. Wenn die Eltern der Nachbarwohnung abends ausgingen, erhielt sie den Schlüssel zur Wohnung, um nach dem Kind zu schauen. Als sich der Gatte des in der dritten Etage wohnenden Ehepaares mit Leuchtgas das Leben nahm, holte sich seine Frau die Mutter zu Hilfe.

Meine Eltern waren nicht arm, aber auch nicht wohlhabend. Als Beamter der Deutschen Reichsbahn hatte der Vater ein sicheres, wenn auch beschränktes Einkommen und war vor Arbeitslosigkeit geschützt. Beide Eltern waren sparsam und genügsam. Großes Gewicht legten sie auf die Schulbildung ihrer Kinder, was ihnen schon deswegen hoch anzurechnen ist, weil zur damaligen Zeit für jeden Schüler ein beträchtliches Schulgeld zu entrichten war. Mein Bruder und ich besuchten die Oberschule, meine Schwester absolvierte die Handelsschule.

Familie May: Mutter Gertrud May mit Kindern Joachim, Georg, Margarete. Liegnitz 1931

Die Eltern ließen uns Kinder ein Musikinstrument lernen, mich die Geige. Der Musiklehrer Fritz Walter ging leider nach dem Überfall auf die Sowjetunion nach Russland und es fand sich kein Ersatz. Ich war kein Meister auf der Geige, denn ich übte zu wenig. Dennoch wurde ich für geeignet befunden, im Schulorchester, im Kreisorchester und bei der Aufführung von Messen in der Kirche mitzuspielen. Mein Bruder war dagegen ein Künstler auf dem Klavier. Er traute sich an die 32 Sonaten Beethovens heran. Als der Cellist im Schulorchester nach dessen Abitur ausfiel, veranlasste der Musiklehrer Viktor Friedrich meinen Bruder, das Cello spielen zu lernen. Die Musik war die Kunst, der ich mit Inbrunst anhing. Am liebsten war mir die Orchestermusik, unter dieser die Sinfonien, an erster Stelle jene von Ludwig van Beethoven. Die großen Orchester und ihre Dirigenten verehrte ich. An den Opern von Komponisten wie Carl Maria von Weber und Giuseppe Verdi hatte ich auch Freude. Ein einziges Mal erlebte ich in Breslau eine Opernaufführung; es waren Richard Wagners „Meistersinger". Die Musikgeschichte war mir durch eifrige Lektüre einschlägiger Bücher vertraut. Die spätere Beanspruchung durch Priestertum und Wissenschaft gestattete mir nur eine spärliche Erfüllung meiner musikalischen Neigung. An ernsthafte Konflikte mit den Eltern kann ich mich nicht erinnern. Sie verfuhren mit uns nicht tyrannisch, sondern maßvoll und human. Die Eltern waren stets politisch interessiert. Sie waren entschiedene Gegner des nationalsozialistischen Regimes und vermittelten uns Kindern diese Einstellung. Kein Mitglied unserer Familie gehörte der NSDAP an. Der Vater – als Beamter – wurde wiederholt gedrängt, in die Partei einzutreten; er lehnte es jedesmal ab. Im Krieg schafften die Eltern ein Rundfunkgerät an. Sie benutzten es fast allein zu dem Zweck, ausländische Sender zu hören, und zwar so ungeniert, dass ich in Sorge geriet.

Die Schwester der Mutter, Lina Pietsch, war eine hochgebildete Dame. Für ihren Beruf als Volksschullehrerin war sie überqualifiziert. Sie war judenfreundlich und seit ihrer Schulzeit eng verbunden mit Lili Liebrecht, bis diese Familie nach Schanghai auswanderte. Sie war auch frankophil und lebenslang bemüht, ihre französischen Sprachkenntnisse zu erhalten und zu verbessern. Als 1940 die ersten französischen Kriegsgefangenen in Liegnitz eintrafen, begab sie sich mit mir zu deren Arbeitsstätten, sprach sie an und verteilte an sie Zigaretten. Die Tante vermittelte uns die Kenntnis des Theaters in Liegnitz. Dort erlebte ich Operetten wie „Das Spitzentuch der Königin" und Dramen wie Gerhart Hauptmanns „Griselda". Tante Lina war unverheiratet und musste daher ihren Dienstort als „Springerin" häufig wechseln. Sie verließ ihre letzte Stelle Kolzig nicht, als die Rote Armee in Schlesien einbrach, im Vertrauen auf ihre bewiesene Gegnerschaft zum Hitlerregime. Sie hatte sich verrechnet und erfuhr die Grausamkeit sowjetischer Soldaten.

Lina Pietsch, Tante (1928)

Der Kreis unserer Bekannten war nicht groß; er umfasste vor allem Eisenbahner und deren Familien sowie Angehörige der kirchlichen Gemeinde. Elisabeth Strecker, eine Verkäuferin bei der Firma „Splittgerber" in Liegnitz, war meine Taufpatin. Sie erlebte noch meine Priesterweihe und Primiz. Der Schaffner Hermann Herzog war mein Pate bei der Firmung, die von Kardinal Adolf Bertram in der Kirche

St. Georg gespendet wurde. Ich habe im Laufe des Lebens um meine Angehörigen viel Sorge, Angst und Not getragen. Dank der Fügung Gottes konnte ich den Eltern und den Geschwistern in nicht wenigen Situationen und Wechselfällen des Lebens beistehen.

Der katholische Glaube war das religiöse und sittliche Fundament der Familie. Die Verbindung mit der Kirche war eine von niemandem in Frage gestellte Selbstverständlichkeit. Die religiösen Pflichten wurden gewissenhaft erfüllt. Die Priester waren ausnahmslos geachtet, ihr Besuch wurde als ein freudiges Ereignis angesehen. Die kirchlichen Feste waren die herausragenden Tage des Jahres, vor allem das Fronleichnamsfest und Weihnachten. Die Marienverehrung übte ich von Kindesbeinen an. Eine beliebte Äußerung derselben waren die Maiandachten in der Kirche und der Maialtar zuhause. Ihre geschätzte Heimstätte waren die zahlreichen Marienwallfahrtsorte in Schlesien. Die Großmutter schenkte mir einen Rosenkranz, in dessen Beten alle Anliegen eingebracht werden konnten. Beglückt durfte ich nach dem Krieg heilige Stätten wie Werl, Kevelaer und Altötting besuchen, später auch Lourdes und La Salette. Die Priester, die ich kennenlernte, waren allesamt eifrige und gebildete Diener des Herrn. In der Pfarrei St. Johannes in Liegnitz wirkten als Pfarrer die Herren Otte, Romanowski und Karl Fischer. Ihnen zur Seite standen gewandte, zeitnahe Kapläne, teilweise mit einem überragenden Niveau wie Dr. Otto Kuss. In der Pfarrei der Kartause von der Allerheiligsten Dreifaltigkeit in Liegnitz erlebte ich die Pfarrer Dr. Alois Bollmann und Johannes Smaczny. Sie waren wahre Hirten und Führer des Volkes, hervorragende Prediger und voller Initiative. Auch sie hatten bis Kriegsbeginn wenigstens einen Kaplan zur Hilfe. In Reichenbach stand an der Spitze der Pfarrei St. Georg der bejahrte Hubert Teubner, von der bischöflichen Behörde geschätzt, von den Kaplänen und der Gemeinde wegen seiner

Eigenart und trotz der nachlassenden Kräfte geachtet, aber nicht geliebt. Die manchmal schnell wechselnden beiden Hilfsgeistlichen (Erben, Hruschka, Kautsch, Nitschmann, Kurnoth, Sauer, Schoder, Weidlich) nahmen sich der Jugend und (solange sie Bestand hatten) der Vereine an. Einige von ihnen durfte ich nach der Vertreibung wiedersehen (Weidlich, Kurnoth, Nitschmann, Erben). In der Kuratie, später Pfarrei Christ-König, in Reichenbach/Niederstadt wirkten zuerst Bienias, danach Franz Joseph Wohl. Beide waren würdige Priester, der erste mehr nach innen gekehrt, der zweite äußerst agil. Bienias ging durch Benefizientausch nach Thomaswaldau. Wohl trieb den inneren Ausbau der Christ-König-Kirche energisch und erfolgreich voran. Das Kreuz über dem Hochaltar ersetzte er durch eine Christ-König-Statue. Er zeichnete sich in der Nazi- und Nachkriegszeit durch Mut und Furchtlosigkeit aus. Nach der Vertreibung wurde er in Nordrhein-Westfalen zu einem beredten Anwalt der Heimatvertriebenen.

2. Großeltern

Von Kindesbeinen an hatte ich eine innige Beziehung zu den Großeltern mütterlicherseits; die Großeltern väterlicherseits verstarben früh, sodass ich sie nicht mehr kennenlernen konnte. Der Großvater war der Beschützer und Gefährte meiner frühen Jahre.

Großvater Robert Pietsch (1935)

Die Ferien, die ich regelmäßig bei den Großeltern in Liegnitz verbrachte, standen unter seiner Obhut.

Großmutter Ernestine Pietsch mit Tochter Gertrud May und Enkeln Joachim, Margarete und Georg (im Kinderwagen)

Die Großmutter war mit zärtlicher Liebe zu ihren Enkelkindern erfüllt. Dass sie uns verwöhnt hat, wird man nicht sagen können; dafür waren ihre äußerst knappen Geldmittel nicht ausreichend. Beide Großeltern waren gewissenhafte und pflichttreue katholische Christen. Der Großvater war in der Gemeinde St. Dreifaltigkeit mehrfach engagiert, z. B. im „Männerapostolat", als Sammler mit dem Klingelbeutel und als Helfer bei der Aufstellung der Birken am Prozessionsweg des Festes Fronleichnam. Die Großeltern waren arm. Sie lebten in einem Mehrfamilienhaus, in dem die Miete nicht hoch war, das aber der Eigentümer ohne jede Pflege ließ. Ihre Wohnung hatte weder elektrisches Licht noch eine eigene Toilette. Der Großvater hatte zunächst als „Knecht" bei Bauern gearbeitet und sich dabei ein beträchtliches Wissen um Landwirtschaft, Viehzucht und Bienenpflege angeeignet. Er war danach in den Dienst der Eisenbahn eingetreten und war Oberschaffner bei der Reichsbahn. Er wurde „abgebaut", das heißt, in den Ruhestand versetzt, als in den 1920er-Jahren viele Deutsche aus den an Polen abgetretenen Gebieten nach Schlesien kamen und versorgt werden mussten. Er hatte eine bescheidene Rente, die er durch nächtlichen Wachdienst bei der Wach- und Schließgesellschaft aufzubessern versuchte. Die Großmutter war von einer nicht gewöhnlichen Frömmigkeit. Sie betete täglich die drei Rosenkränze und besuchte jeden Tag die Sechs-Uhr-Messe in der Johanneskirche, die von ihrer Wohnung in der Karthaus-Vorstadt weit entfernt gelegen war. Sie war auch eine eifrige Herz-Jesu-Verehrerin. An jedem Herz-Jesu-Freitag beichtete und kommunizierte sie. Ebenso pflegte sie die Verehrung der Gottesmutter. Ihr verdanke ich den mehrtägigen Besuch des Marienwallfahrtsortes Albendorf (nördlich des Heuscheuergebirges in der Grafschaft Glatz). Die Großmutter war trotz eigener Bedürftigkeit außerordentlich wohltätig. Kein Bettler ging von ihr fort, ohne etwas erhalten zu haben. Für sich selbst war sie ähnlich bedürfnislos wie der Großvater.

Die Großeltern waren politisch lebhaft interessiert. Ihre politische Heimat war aus religiösen und sozialen Gründen die Zentrumspartei. Der Großvater verkündete voll Stolz: „Ich bin schwarz wie ein Rabe." Hoch verehrte er Heinrich Brüning, der im Wahlkreis Breslau in den Reichstag gewählt wurde. Die Sozialdemokratie lehnte er wegen ihrer Religionslosigkeit ab, hatte aber keine Einwendungen, mit ihr eine politische Koalition zu bilden. Geraume Zeit hielt er an der Illusion fest, das Ermächtigungsgesetz könne eine Schranke für die NSDAP sein. Die Großmutter war aktiv gegen den Nationalsozialismus tätig. Wir hatten Verbindung mit jüdischen Familien (Cohn und Liebrecht). Spielgefährten meiner frühen Jahre waren Max, Siegbert und Bernhard Cohn. Als die Judenverfolgung einsetzte, verstärkte sich das Engagement der Großmutter. Am Tage des Boykotts jüdischer Händler (1. April 1933) kaufte sie mir in einem jüdischen Geschäft eine Jacke. Mit eigener Hand schlug sie des Nachts die Schaukästen mit der Zeitung „Der Stürmer“ ein. Als die Juden zusammengetrieben und bewacht wurden, verteilte sie heimlich belegte Brote an sie. Als sie einmal ein Wachmann erwischte und aufgebracht verwies: „Das sind doch Juden!“, entgegnete sie in gespielter Naivität: „Ach, sind das Juden?“ Wegen Verweigerung des Grußes „Heil Hitler“ wurde sie denunziert und vor den Kreisleiter der NSDAP zitiert. Sie verteidigte sich so geschickt, dass dieser am Ende des Gesprächs resigniert erklärte: „Machen Sie halt weiter wie bisher.“ Der Großvater jedoch warnte sie wiederholt: „Dich bringen sie noch ins Konzentrationslager.“ Gott bewahrte sie davor. Das Schicksal der Großeltern war grausam. Als die Rote Armee am 9. Februar 1945 in Liegnitz eindrang, wurde die Großmutter vor der Dreifaltigkeitskirche durch Genickschuss getötet; Pfarrer Johannes Smaczny barg die Leiche in der Kirche. Der Großvater starb Anfang Oktober 1945 den Hungertod.

II.

Schule

1. Volksschule

1933 kam ich in die Schule. Weil mein Geburtstag im September liegt, trat ich 1932 (mit knapp sechs Jahren) nicht in die Schule ein, was ich später stets bedauert habe, weil es mich in jenen Jahren, in denen an uns Jugendliche immer neue Anforderungen gestellt wurden, benachteiligte. Die vier Jahre der Volksschule verbrachte ich für kurze Zeit in der Ritterschule zu Liegnitz, danach in der katholischen

Margarete und Georg (November 1934)

Schule in Reichenbach-Oberstadt und -Niederstadt. Die Kinder in Reichenbach-Niederstadt gehörten überwiegend zu den ärmsten Schichten der Gesellschaft; manche kamen barfuß zur Schule. Eleonore, die Tochter des Hals-Nasen-Ohren-Arztes Dr. Fendel, war eine Ausnahme. Bezeichnend für die wirtschaftliche Lage vieler Mitschüler war die Tatsache, dass wir eine Zeitlang eine Ernährungsunterstützung durch die amerikanischen Quäker („Quäkern") erhielten. Möglicherweise habe ich das soziale Empfinden und das Interesse an der Arbeiterbewegung in der Volksschule von Reichenbach-Niederstadt gelernt. Die Schule war materiell und personell nicht gut ausgestattet. Jungen und Mädchen waren vereint. Je zwei Jahrgänge wurden in einer Klasse zusammengefasst, was der Bildung nicht zuträglich war. Die vier Lehrer wurden verstärkt durch Fachkräfte für bestimmte Fächer, die aus der Schule in der Oberstadt kamen (Hannig, Vera Schmidt).

Joachim (Pfingsten 1934)

Die Lehrer waren bemüht um uns, aber auch streng. Damals wurden noch Hiebe mit dem Rohrstock auf die Hand oder auf das Gesäß ausgeteilt. Ein Klassenkamerad, der dies häufig zu spüren bekam, tat mir ehrlich leid. Die Lehrer waren Fräulein Hanaczek, Erich Gesehl, Erich Meier und Rektor Theurich. Der Lehrer Erich Gesehl verbarg seine nationalsozialistische Gesinnung nicht. Er hielt es für notwendig, uns Neunjährige über die „Gefahr" der Freimaurerei zu unterrichten. Er warb für die Zeitschrift „Hilf mit". Ich führte damals ein Poesiealbum, in das Bekannte und Verwandte einen Spruch hineinschrieben. Der Lehrer Gesehl trug darin ein: „Der Krieg und der Mut haben mehr große Dinge getan als die Nächstenliebe. Nicht euer Mitleiden, sondern die Tapferkeit rettete bisher die Verunglückten" (Friedrich Nietzsche). Nach dem Krieg traf ich ihn wieder in München. Schon damals wurden in der Schule Luftschutzkeller eingerichtet; in Erinnerung sind mir die Baumstämme, die zur Abstützung der Decke aufgestellt wurden. Bei einer Übung mussten wir uns in den Keller begeben. Im Jahre 1936 waren wir Schüler fasziniert von den Olympischen Spielen in Garmisch und Berlin. Bis heute sind mir die Namen einiger hervorragender Athleten geläufig, z. B. Josef Manger und Jesse Owens.

Vom Religionsunterricht ist mir nur wenig in Erinnerung. Der Priester, der ihn erteilte, Kuratus Bienias, verstand es nicht, uns die Religion eindringlich vorzustellen. Er warb mich für den Dienst des Ministranten. In einem Klassenkameraden, Wolfgang Pohl, hatte ich einen unzertrennlichen Spielgefährten. Ich sammelte Jungen meiner Umgebung zu einer Gruppe, mit der wir Sandburgen bauten und Geländespiele betrieben. Zwei meiner Mitschüler, Longinus Schmidt und Georg Gebauer, erlangten das Priestertum. Der Sinn und der Nutzen, ja die Unentbehrlichkeit der Bekenntnisschule sind mir seit meiner eigenen Schulzeit niemals zweifelhaft gewesen. Nicht wenige meiner Mitschüler, die aus abständigen Familien stammten, wurden erst durch die Einschulung in die Bekenntnisschule zum Bewusstsein ihrer Konfessionszugehörigkeit gebracht. So habe ich versucht, mich der (nach dem Krieg erneut anlaufenden) Entkonfessionalisierung entgegenzustemmen, aber es war vergeblich. Es war dies einer der vielen Gegenstände, bei denen ich auf verlorenem Posten gekämpft habe. Dass eine Position von der Mehrheit behauptet wurde, hat mich allerdings niemals von meiner auf Vernunftgründen beruhenden Stellungnahme abgebracht.

Zu meinen Spielgefährten der 1930er-Jahre gehörte Horst Hirschfelder. Er war der Sohn der Nachbarfamilie im Hause Sadebeckstraße 32. Horst war behindert, was wir entweder nicht wahrnahmen oder was uns nicht störte. Mitte der 1930er-Jahre wurden er und seine ebenfalls behinderte Schwester Gerda in einer Anstalt untergebracht. Nach kurzer Zeit traf die Nachricht ein, sie seien an Lungenentzündung verstorben. Meine Familie traute dieser angegebenen Todesursache nicht. Wir hatten Kenntnis von dem Euthanasieprogramm der Regierung, dem die beiden offensichtlich zum Opfer gefallen waren. Dem buchstäblich mörderischen Regime galt mein wachsender Abscheu.

2. Oberschule

a. Reichenbach

1937 wechselte ich auf das Real-Gymnasium in Reichenbach, bald staatliche Oberschule für Jungen benannt. Die Schule war naturwissenschaftlich ausgerichtet (Biologie, Physik, Chemie) und mit Arbeits- und Anschauungsmaterial vorzüglich ausgestattet. Die Qualität der Lehrer war unterschiedlich. Neben hervorragenden Könnern (Ahr, Hecht, Nauke, Rolirad) gab es schwache Persönlichkeiten (Senkpiel, Reinhard, Kulke). Der Oberstudiendirektor Dr. Ernst Kleiner beherrschte die Schule, die er unermüdlich buchstäblich durchraste. Man kann annehmen, dass er über

Schulklasse 1940, 4. Klasse Oberschule in Reichenbach. Georg May 2. Reihe, 2. von rechts, mit Studienrat Senkpiel (3. rechts) und Direktor Dr. Kleiner (4. rechts)

seine Lehrer ein diktatorisches Regiment ausübte. Einmal befahl er mir in einer Unterrichtsstunde, dem Studienrat Kulke eine Mitteilung zu überbringen. Als ich fragte, in welcher Klasse dieser jetzt unterrichte, gab er zur Antwort: „Das wirst du schon am Lärm merken." Kulke war dafür bekannt, keine Disziplin halten zu können. Die Spannungen, die zwischen Kleiner und dem ausgezeichneten Mathematiklehrer Robert Ahr bestanden, ließen sich nicht übersehen. Ahr sprach wiederholt von ihm andeutungsweise als „dem anderen". Seine Schüler liebte Kleiner – auf seine Weise. Er meinte, uns hart erziehen zu müssen. „Jungs, ihr müsst lernen, ungerechte Kritik zu ertragen." Seine Urteile über uns waren scharf, gelegentlich verletzend: „Scholz, dir stiert die Dummheit aus den Augen heraus." „Dreßler, geh ab. Die

Schule ist doch nichts für dich; geh zur Post." „Wer dumm ist, muss geprügelt werden." Viele von uns bezeichnete er als „Scheißkerl". Manchmal verstieg er sich zu unhaltbaren Äußerungen wie jener: „Wer nicht Griechisch kann, müsste kastriert werden." Gelegentlich gebrauchte er theologische Termini. So sprach er von der Oberschule im benachbarten Frankenstein als dem „refugium peccatorum". Häufig hörte ich aus seinem Munde die Wendung „dumm wie die Sünde". Die Beflissenheit der Schüler, Worte der Lehrer schriftlich festzuhalten, kommentierte er: „Das Volk schreibt, als ob der Heilige Geist diktierte." Sein Liebling war Heinz Wurm, ein vorzüglicher Schüler. Er hatte Buch zu führen über die von Kleiner großzügig verteilten Strafarbeiten. Doch Wurm ließ sich manchmal erweichen, eigenmächtig das Maß der aufgegebenen schriftlichen Arbeiten zu ermäßigen. Mein Bruder Joachim, der in der Schule vier Klassen vor mir war, erfreute sich Kleiners höchster Wertschätzung: „Einer der besten Jungen, die je diese Schule besucht haben." Auf seinem Zeugnis stand manchmal, mit markanten Zügen geschrieben: „Gern gelesen. Kleiner." Als er allerdings im Abituraufsatz Heinrich Heine als seinen Lieblingsdichter angab, stürmte der Direktor in sein Klassenzimmer und gab seiner Entrüstung über diese Beurteilung Ausdruck. Ich vermute, dass sie mehr gespielt als ernstgemeint war. Kleiner war kein politischer Lehrer. Ich kann mich nicht an den Versuch politischer Beeinflussung erinnern, ebensowenig an antikirchliche oder antireligiöse Bemerkungen. Diese Zurückhaltung hing vielleicht mit der Tatsache zusammen, dass er regelmäßig in Bad Tölz Linderung seiner Bronchitis suchte, wo er reiches katholisches Leben kennenlernte. Vielleicht sollte nicht unerwähnt bleiben, dass der Vater ihn wenigstens zweimal mit einer Weihnachtsgans beschenkte.

Das Lernen war mir keine Last; ich ging gern zur Schule. Allerdings bereitete mir die Kritik mancher Lehrer schwere

Stunden. Die Notwendigkeit der Bildung und der gründlichen Bildung stand mir schon als Schüler stets vor Augen. Wenn sich Mitschüler über den Ausfall von Stunden freuten („hitzefrei"), bedauerte ich ihn. Es war mir klar, dass die verlorene Zeit nicht aufzuholen war. Als eifriger Schüler war ich bemüht, den gestellten Anforderungen gerecht zu werden. Mir waren alle Fächer wichtig. Dass ich nicht in allen gleich gut abschnitt, lag daran, dass ich mich in der häuslichen Nacharbeit nicht genügend in den Stoff hineinkniete. Die Benotung meiner Leistungen war zumeist gerecht. Mein Lernen war nicht planmäßig und systematisch. Es fehlte mir die Anleitung zum methodischen Arbeiten. Die Eltern konnten sie mir nicht geben, weil sie selbst eine höhere Schule nicht besucht hatten. Die Mängel meines Schulbesuches zeigten sich im ganzen folgenden Leben in Einseitigkeiten und Lücken. Viel Zeit vergeudete ich mit der Lektüre von Büchern, die für mein Lernen in der Schule nichts einbrachten. Es sei an die Autoren Karl May, Felix Dahn, P. C. Ettighofer, Clausewitz, Bismarck und Reimmichel erinnert. Es fehlte mir an Unterweisung, welche Bücher ich für die Förderung und Vertiefung des schulischen Lehrstoffes besonders in den Naturwissenschaften hätte lesen sollen. Auch hätte ich viel mehr auswendig lernen und wiederholen müssen. Rückschauend beklage ich das Versäumnis, dass ich die Ferien nicht zur Vertiefung, Erweiterung und Ergänzung des Schulwissens benutzt habe.

Die didaktischen Fähigkeiten der meisten Lehrer der Oberschule waren (nach meinem unmaßgeblichen Urteil) schwach ausgebildet. Ermutigungen waren selten. Den Religionsunterricht an unserer Schule gaben die Kapläne der Pfarrei St. Georg. An eindrucksvolle Stunden kann ich mich nicht erinnern. Nach der 4. Klasse hörte der staatlich garantierte schulische Religionsunterricht ohnehin auf. Der an seiner Stelle versuchte Unterricht im Wohnzimmer (!) eines

Kaplans war sporadisch und dürftig, mehr ein Gesprächskreis als eine (wissenschaftlich gestützte) Unterweisung. Jeder war auf sich selbst angewiesen, was seine religiöse Bildung betraf. Wir waren schwer getroffen. Weltanschaulich interessant waren die Fächer Geschichte und Biologie. Doch sowohl Georg Nauke wie Otto Thrän nahmen einen gemäßigten Standpunkt ein und mieden alle Extreme. Von dem Biologielehrer Otto Thrän ist mir die hingeworfene Bemerkung in Erinnerung: „Hier heißt es bloß Schnauze halten." Damit hatte er die stickige Atmosphäre im damaligen Volk treffend charakterisiert. Kritische Bemerkungen über das herrschende System habe ich von keinem Lehrer gehört. Theodor Rolirad galt als Nationalsozialist.

Studienrat Theodor Rolirad

Er kam an die Schule in Reichenbach von der Nationalpolitischen Erziehungsanstalt in Wahlstatt. Er war ein gutgläubiger Idealist. Seine Fächer waren Englisch, Deutsch und Sport. Nach dem Krieg besuchte er mich und nahm fromm an meinem Gottesdienst (und Empfang der heiligen Kommunion) teil. Als wir auf die vergangenen Jahre der

Diktatur zu sprechen kamen, sagte er über sich selbst: „Das Straffe hat mich angezogen."

Der Musik- und der Zeichenunterricht wurden nach dem Ausfall der Lehrkräfte an unserer Schule infolge der Kriegsereignisse durch die Volksschullehrer Schmidt und Girke gegeben, die beide ihre Sache gut machten, wobei ich mich, was den Zeichenunterricht angeht, bei geringer Begabung der Nachlässigkeit anklagen muss. Von dem Germanisten Schulze-Möbius wurde behauptet, er zerpflücke am Montag die Reden, die Nationalsozialisten am Sonntag gehalten hatten. Jedenfalls war er als alter Deutsch-Nationaler und Stahlhelmer ein bekennender evangelischer Christ. Mit dem Mathematiklehrer Robert Ahr blieb ich in brieflicher Verbindung bis zu seinem Tod. Ihm machte der Direktor Kleiner das Angebot, ihm die (einzige) Stelle eines Oberstudienrats zu übertragen; allerdings müsse er zuvor in die NSDAP eintreten. Ahr lehnte das Angebot ab. Die Stelle erhielt der Studienrat Gallasch. Nach dem Krieg war ihm der Brief Kleiners mit dem erwähnten Angebot nützlich. In dem Hamburger Gymnasium, in dem er damals unterrichtete, wurden ihm beide Abiturklassen für die Mathematik anvertraut, wie er mir schrieb.

Als ich etwa 13 Jahre alt war, sprach mich der Physiklehrer Oswald Senkpiel so an: „Junge, lauf nicht den Pfaffen nach, glaub nicht an den schwarzen Schwindel. Wenn du beten willst, geh in den Wald." Ich war verdutzt und gab keine Antwort. Wir wussten, dass Senkpiel aus dem Volksschullehrerstand aufgestiegen und aus der (evangelischen) Kirche ausgetreten war. Sein Unterricht in Mathematik und Physik war schwach. Er konnte die Zusammenhänge nicht erklären. In Physik misslangen seine angestellten „Versuche" regelmäßig, weil es angeblich zu feucht war oder ein „dummer Junge" etwas an den Geräten vermurkst hatte. Sein Sportunterricht war gut. Bei der Behandlung der Sozialgesetzgebung Bismarcks erlaubte ich mir die Ergänzung, dass die (katholische) Zentrumspartei daran einen wesentlichen Anteil hatte.

Bekanntlich war sie es, die 1877 den ersten Arbeitsschutzantrag im Reichstag einbrachte und in der Sozialpolitik stets hervorragende Fachleute stellte (Ketteler, Hitze). Da wurde der Geschichtslehrer Reinhard („Puffi") ungehalten und schrie mich an: „Wir treiben hier deutsche Geschichte und keine konfessionelle, und wenn dir das nicht passt, mußt du dir eine andere Schule suchen." Er drohte mir also mit Verweisung von der Schule. Der andere Geschichtslehrer, Georg Nauke, war mir gewogen. Meinen Eifer oder Übereifer kommentierte er mit dem Satz: „Der May spricht mehr als ich." Nauke vertraute mir den Schlüssel zur Handbibliothek der Lehrer an. Das gab mir die Möglichkeit, die im „Giftschrank" aufbewahrten Bücher kennenzulernen, z. B. „Im Westen nichts Neues".

Die Schüler meiner Klasse waren sehr verschiedener Herkunft. Mehrere stammten aus Akademikerfamilien (Arzt, Apotheker, Studienrat), andere hatten Beamte, Angestellte, Lehrer, Handwerker und Bauern zu Vätern. Der Vorsprung derer, die gebildete Eltern hatten, vor anderen, denen solche fehlten, war beträchtlich. Am schlechtesten waren die Söhne von Bauern dran. Ich kam mit meinen Mitschülern gut aus, denn ich war kein „Streber", beteiligte mich an Streichen (z. B. Verweigerung des Schreibens bei einer Klassenarbeit), war hilfsbereit, ließ andere abschreiben. Mein Schulkamerad Werner Schlesinger fragte mich eines Tages: „Warum sagst du immer ‚Hitler' und nicht ‚Der Führer'?" Er hatte also meine innere Distanz zu diesem Herrn bemerkt. Mein Freund Klaus Schubert und ich zogen denselben Schlesinger wiederholt auf, indem wir von dem „Bock von Babelsberg" sprachen. Damit war der Propagandaminister Joseph Goebbels gemeint, der mannigfache Affären mit Schauspielerinnen der Filmstadt Babelsberg hatte. Schlesinger beharrte darauf zu erfahren, wer dieser „Bock“ sei. Wir sagten es ihm selbstverständlich nicht, waren uns aber auch nicht bewusst, dass wir mit dem Feuer spielten. Der erste Farbfilm „Frauen sind doch bessere Diplomaten“ war nicht jugendfrei. Doch mein Schulkamerad Werner Schlesinger hatte ihn gesehen, was der Mathematiklehrer Ahr mit dem Satz kommentierte: „Ihnen kann die Welt nichts Neues bieten.“ Meine Klassenkameraden machten alles mit, was vom Regime verlangt wurde. Fanatismus konnte ich bei keinem Einzigen beobachten. Der einzige Schüler, der nach Erreichen der Religionsmündigkeit mit Vollendung des 14. Lebensjahres aus dem Religionsunterricht ausschied (der ohnehin nach der 4. Klasse aufhörte), war ein (nichtpraktizierender) Katholik. Die meisten Schulkameraden habe ich nach dem Krieg infolge der Zerstreuung aus den Augen verloren. Über den beruflichen Erfolg einiger durfte ich mich freuen. So wurde Klaus Schubert Studiendirektor, Reinhard Ludwig Dr.-Ing., Dietmar Girke Baurat. Zum Lyzeum, der Oberschule für Mädchen, bestanden keinerlei Beziehungen. Die dortigen Schülerinnen wurden verspottet, weil sie das „Puddingabitur“ anstrebten. Es gab Mitschüler, die mit Mädchen „gingen“, aber diese Liaisons waren selten.

Mein Freund Klaus Schubert (rechts), ca. 1943

Es trugen sich in meiner Schulzeit auch einige makabre Dinge zu. Unbekannt gebliebene Schüler (der „Schülerrat“) sandten (dem gefürchteten) Robert Ahr einen Strick zu, mit dem er sich erhängen sollte. Völlig aufgebracht stürmte er in mein Klassenzimmer und herrschte einen Schüler, den er verdächtigte, an der Tat beteiligt zu sein, an: „Sind Sie auch im Schülerrat?“ Danach brach es aus ihm hervor: „Das ist mir in der roten Zeit nicht passiert. Damals gab es den Vertrauenslehrer. Ich bin immer gewählt worden.“ Klüger und für ihn schonender wäre es gewesen, wenn er die Sache wortlos übergangen hätte. Vermutlich auf den gleichen „Schülerrat“ geht ein Vorkommnis zurück, das sich etwa um dieselbe Zeit ereignete. Als wir eines Tages in die Schule kamen, war die Tür zu der (in einem gesonderten Gebäude befindlichen) Schülertoilette mit einem Holzklotz verrammelt. Darüber stand in (zusammengesetzten) Druckbuchstaben: „Der Schlüssel zur Toilette ist bei mir abzuholen. Der Direktor.“ Nachdem der Hausmeister den Pflock entfernt hatte, konnten wir den Raum betreten. An der Wand des Pissoirs stand eine neue Schrift: „Rauchsalon der König-Wilhelm-Schule“. Der Direktor tat das Klügste, was er tun konnte: Er schwieg zu dem ganzen Vorgang und verzichtete auf eine Untersuchung.

Etwa im Jahre 1940 wurde für ein in Frankfurt/Main zu errichtendes musisches Gymnasium geworben. Noch bevor ein Werber in Reichenbach erschien, suchte der Direktor Kleiner uns zur Ablehnung einer eventuellen Einladung zu bestimmen. Wenn wir gefragt würden, ob wir in diese Schule eintreten möchten, sollten wir antworten, wir wünschten in der schlesischen Heimat erzogen zu werden. Mir ist nicht bekannt geworden, dass ein Schüler der Reichenbacher Oberschule in eine der nationalsozialistischen Eliteschulen übergewechselt ist. Ein Sohn des Kreisbauernführers und Mitglieds des Reichstags, Fritz Marx, war Schüler meiner Klasse. Nach dem Krieg erzählte er mir, er sei zur Leibstandarte „Adolf Hitler“ in der Waffen-SS eingezogen worden. Gleich zu Beginn der Dienstzeit sei er wie seine Kameraden in der Kaserne Freimann (München) aufgefordert worden, den bürgerlichen Austritt aus der (evangelischen) Kirche zu erklären; doch er habe sich geweigert, diesen Schritt zu tun. Klaus Marx war politisch ein völlig Bekehrter. Er nahm es, so sagte er mir, Stauffenberg übel, dass er nicht auch die zweite Bombe gezündet habe.

Die Hitlerjugend wurde 1936 „Staatsjugend". Seit 1939 war die Mitgliedschaft für alle Jungen und Mädchen zwischen zehn und 18 Jahren verpflichtend. Notgedrungen gehörte ich der Hitlerjugend an, beschränkte aber meine Teilnahme am „Dienst" und an Veranstaltungen auf ein Minimum. Der Zwang, die ideologische Einstellung und der Zeitverlust hielten mich ab. Niemals habe ich eine „Fahrt" oder ein Zeltlager mitgemacht. Ich gehörte der sogenannten „Stamm"-Hitlerjugend an. Dort versammelten sich vorwiegend jene Jungen, die der Hitlerjugend wenig oder nichts abgewinnen konnten (und wollten). Die interessierten und eifrigen Jungen traten in die Sonderformationen wie die Flieger-Hitlerjugend ein. Die Hitlerjugend spielte in meinem Alltag keine Rolle. Ich besaß keine Uniform und fiel deswegen an den Tagen, an denen wir in Uniform zur Schule kommen sollten, als einsamer Nonkonformist auf. Die Lehrer werden es bemerkt haben; angesprochen hat mich keiner. Mein Schulfreund Klaus Schubert ließ sich von mir in die aktive Gegnerschaft gegen das Regime hineinziehen. Zu nächtlicher Stunde warfen wir die Scheiben des Hitlerjugendgebäudes in Reichenbach ein. Es war uns dabei nicht bewusst, dass wir mit dem Feuer spielten. Widerstand gegen den NS-Staat und seine Äußerungen habe ich bei anderen Schulkameraden nicht verspürt. Sie waren von ihren Eltern nicht aufgeklärt. Der Sohn des Medizinalrates Dr. Kaiser beispielsweise wusste mit dem Kürzel „KZ" nichts anzufangen.

Wohl 1941 veranstaltete die Regierung eine Büchersammlung für die Soldaten. Durch meine Schwester Margarete bekam ich Zugang zu den gespendeten Büchern. Sie hätte nach Abschluss der Handelsschule in den Reichsarbeitsdienst einrücken müssen. Die Kreisleitung der NSDAP in Reichenbach suchte eine Verwaltungsangestellte; wer diese Stelle annahm, wurde vom Arbeitsdienst freigestellt. Diese Aussicht bewog meine Schwester, das Angebot anzunehmen und (wohl für zwei Jahre) dort zu arbeiten. Sie lud mich ein, die in der Kreisleitung gesammelten Bücher zu besichtigen. Jene, die ich als kirchenfeindlich erkannte, sortierte ich aus, so das Buch „Gott und Volk", das ich zu Hause verbrannte.

Reichenbach hatte kulturell kein reiches Angebot. Das nächste Theater war in Schweidnitz. Das Musikleben war dürftig. Die „Waldenburger Bergkapelle" gastierte ab und zu in unserer Stadt. Der rührige Lehrer Erich Schmidt holte einmal das Gauorchester nach Reichenbach. Er betrieb auch die Zusammenstellung des Kreisorchesters, dessen Rückgrat etliche ehemalige Militärmusiker waren. Gelegentlich besuchte ich das Kino, wenn wertvolle Filme gezeigt wurden wie „Robert Koch", „Friedemann Bach", „Die Entlassung" (Bismarcks), „Es war eine rauschende Ballnacht" (Tschaikowskij), „Rembrandt". In Bolkenhain, wohin ich mit meinem Bruder geradelt war, sah ich die beiden Schauspiele „Minna von Barnhelm" und „Der Widerspenstigen Zähmung". Während des Krieges wurde Reichenbach Garnisonsstadt. Eine Abteilung des Luftnachrichtendienstes bezog ein neu aufgestelltes Barackenlager. Wenn ich mich nicht täusche, war der Dienstbetrieb relativ gemächlich. Unter den Mannschaften befanden sich überdurchschnittlich viele Intellektuelle und Musiker. Aber zu dauerndem Erteilen von Unterricht ließen sie sich nicht gewinnen.

Die Zeit meines Schulbesuches war von Unruhe erfüllt. Seit 1939 war Krieg und er machte sich auch in der Schule bemerkbar. Jüngere Lehrer wurden zur Wehrmacht eingezogen, im Ruhestand befindliche traten an ihre Stelle, Hofmann für Mathematik und Thiel für Latein. Der Englischlehrer Rogier wurde Anstaltsleiter in Oberschlesien, der

Zeichenlehrer Arendt kam in den Warthegau. Der Musiklehrer Friedrich trat angeblich im Soldatensender Belgrad auf. Der Lehrer Demuth fiel schon im Feldzug gegen Polen. In manchen Stunden wurde von einigen Mitschülern lautstark das Eingehen auf das Zeitgeschehen gefordert, womit kostbare Zeit vertan wurde, die für das Lernen ausfiel. Bald fehlte es an Schulbüchern. Die Mangelwirtschaft forderte auch von uns ihren Tribut. Wir wurden angehalten, Rohstoffe in die Sammelstellen des Schulgebäudes mitzubringen, z. B. Knochen, und darüber wurde Buch geführt. In der 5. Klasse der Oberschule wurde meine Klasse für mehrere Wochen in die Berge von Steinkunzendorf befohlen, um dort Aufforstung zu betreiben. Alle diese Unterbrechungen und Ausfälle konnten niemals wiedergutgemacht werden. Die Turnhalle der Schule wurde mit Getreide gefüllt für die riesige Hilbertmühle in Reichenbach. Ein Klassenzimmer wurde für den Hallensport hergerichtet. Ab der 6. Klasse der Oberschule wurde Französisch gelehrt. Der Studienrat Gallasch war ein wohlwollender, gütiger Lehrer. Leider dauerte dieser Unterricht nur ein Jahr. Der Einsatz als Luftwaffenhelfer brachte ihn zum Erliegen. Doch habe ich mich später jahrelang um das Erlernen der französischen Sprache bemüht. Gegen Ende der 6. Klasse kündigte der Direktor Kleiner an, er werde im kommenden Schuljahr einen Kurs der italienischen Sprache anbieten, und lud uns (mich namentlich) dazu ein. Der Kurs kam wegen dieses Einsatzes nicht zustande. Die Verwendung als Luftwaffenhelfer ließ erst recht keinen gedeihlichen Unterricht zu. Das Fazit meiner Schulzeit lautet: Wir waren schlechter ausgebildet als frühere Jahrgänge, hatten Lücken, die nie mehr oder nur notdürftig geschlossen wurden.

b. Langenbielau

Die Schulzeit in Reichenbach ging im Sommer 1943 abrupt zu Ende. Meine Klasse wurde zum Einsatz als Luftwaffenhelfer, also zum Dienst an Fliegerabwehrgeschützen, nach Berlin befohlen. Wir wurden von dem Medizinalrat Klein flüchtig untersucht und ausnahmslos tauglich für die Aufgabe befunden. Doch für mich trat eine dramatische Wende ein. Oberstudiendirektor Dr. Kleiner erinnerte sich meines Herzleidens. Er ging – ohne mein Wissen und Wollen – den leitenden Medizinalrat Kaiser an und stellte ihm meine Situation vor. Kaiser schickte mir einen seiner Söhne zu und forderte mich zu einer erneuten Untersuchung bei sich auf. Das Ergebnis war, dass Kaiser in meinen Unterlagen das Wort „tauglich" veränderte in „nicht tauglich". So kam es, dass ich als Einziger in meiner Klasse vor dem Einsatz bewahrt blieb. Kleiner meldete mich auch zugleich in der Oberschule zu Langenbielau, der Nachbarstadt Reichenbachs, an. So verbrachte ich die vorletzte Klasse der Oberschule als Fahrschüler in Langenbielau. Der Vater erwirkte mir von der Reichsbahndirektion Breslau einen Freifahrtschein.

Der Unterschied der dortigen städtischen Schule zu der staatlichen in Reichenbach war unverkennbar. Der Anteil an Frauen in der Lehrerschaft war relativ stark. Die Qualifikation mancher Lehrer schien mir unter jener der Reichenbacher Pädagogen zu liegen. Der Direktor, Dr. Schade, war ein bekennender SS-Mann, der noch in demselben Jahr verhaftet wurde, weil er sich an Schülerinnen vergriffen hatte. Zu mir selbst war er wohlwollend. So übertrug er mir einen Lateinkurs für mehrere jüngere Schüler und Schülerinnen. Er wollte mich in die „Studienstiftung des deutschen Volkes" bringen. Nach dem Krieg tauchte er wieder in Langenbielau auf und fungierte dort eine Zeitlang als selbsternannter Bürgermeister. Danach habe ich ihn aus den Augen verloren. An seine Stelle trat der täglich aus Breslau anreisende Studienrat Pietsch. Er war ein vorzüglicher Mathematiker mit einer Portion feinen Humors. So stellte er beispielsweise die rhetorischen Fragen: „Habe ich Ihnen schon einmal gezeigt, wie man die Kreide anfasst?" Oder: „Habe ich Ihnen schon einmal gezeigt, wie man mit dem Zirkel umgeht?" Die Lateinlehrerin Dr. Ruth Röder, Parteigenossin seit 1933, stellte mir außerhalb der Schulzeit zu lösende Übersetzungsaufgaben.

Schwester Alphonsa Dr. Ruth Röder
(vordere Reihe, letzte rechts)

Nach dem Krieg konnte ich ihr guten Gewissens bescheinigen, dass ich an ihr keinen Hauch nationalsozialistischer Gesinnung bemerkt hätte. Ich traf sie wieder, als sie in Rom das Noviziat der Schwestern Unserer Lieben Frau machte und später am Lyzeum zu Bad Nauheim Latein und Französisch lehrte. Ein Andenken an sie ist eine Ausgabe von

Nietzsches „Zarathustra", die sie mir schenkte. Einige katholische Lehrer in Langenbielau zeigten mir ihre Sympathie, als sie mich in einer Aufführung des Hedwigspiels in einer Langenbielauer Kirche als „Mönch" und „Ritter" erlebten. Mit dem Deutschlehrer Konrad Kirmes kam ich in eine vertraute Beziehung. Zur politischen und militärischen Lage meinte er 1944, es könne sich noch etwas Gutes „herauskristallisieren". Da musste ich ihm widersprechen. Eine der Lehrerinnen nahm an meiner Primiz am 8. April 1951 in Riesa/Elbe teil, Frau Pauk.

Da auch die Langenbielauer Jungen der nunmehrigen 7. Klasse zum Luftwaffenhelfereinsatz befohlen wurden, befanden sich in meiner Klasse überwiegend Mädchen, daneben der eine oder andere wegen Gebrechen nicht zum Einsatz gekommene Junge. Mein Eindruck von den Mädchen war ausnahmslos günstig. Zwei von ihnen traf ich nach dem Krieg in München wieder. Obwohl ich ihnen in Gesprächen über politische und militärische Themen entschieden widersprach, hat mich keine von ihnen denunziert. Mit einem aufgeweckten Schüler, Krabisch, machte ich chemische Versuche. Ein Sohn des Industriellen Flechtner, Egon, führte mich in das Flockenbastwerk seines Vaters, in dem Juden zur Zwangsarbeit verpflichtet waren. Das Langenbielauer Jahr ging zu Ende ohne Fortsetzung. Meine Klasse wurde zum „Kriegseinsatz" befohlen, was immer das bedeuten sollte. Lebenslang habe ich es bedauert, dass meine Schulzeit mehrfach schwerwiegend gestört war. Betrübt las ich die Berichte der Arbeitsgemeinschaften des neunjährigen Reichenbacher Gymnasiums in den 1920er- und 1930er-Jahren, die ich in der Schulbibliothek vorfand und die zeigten, zu welchem Ausmaß an Bildung eine ungestörte Schulzeit führen konnte. Das Unheil, das die Nationalsozialisten über das Volk gebracht haben, forderte seinen Tribut von allen.

III.

Kinderlandverschickungslager und Wehrdienst

Als ich nach den Sommerferien 1944 wieder in den Schulalltag eintreten wollte, erfuhr ich, dass die Schüler der 8. (letzten) Klasse zum „Kriegseinsatz“ bestimmt seien. Wie dieser aussehen sollte, war anscheinend nicht festgelegt. So lud mich der Besitzer von Textilfabriken, Edgar Flechtner, ein, in seiner Gärtnerei zu arbeiten. Diese Tätigkeit missfiel dem Lehrer Alfons Klein. Er sorgte dafür, dass ich vom Arbeitsamt zwangsrekrutiert wurde für die Rüstungsfabrik Telefunken. Dort bildete man mich zum „Hilfsmechaniker“ aus. Neben mir arbeiteten Franzosen und zahlreiche in Lagerhaft befindliche jüdische Frauen aus den Niederlanden. An den Sonntagen wurden wir zur Teilnahme am „Unternehmen Bartold“ verpflichtet. Die Eisenbahn brachte uns an die schlesische (Nord-)Grenze, wo Panzergräben ausgehoben wurden, welche die russischen Armeen aufhalten sollten, was selbstverständlich eine völlig illusionäre Vorstellung war. In der Fabrik konnte ich den hierarchischen Aufbau beobachten: Vorarbeiter, Meister, Abteilungsleiter. Ich war nicht lange genug in dem Betrieb, um die Gesinnung der Arbeitskollegen kennenzulernen. Ideologie war jedenfalls nicht gefragt. Die Arbeitszeit betrug 72 Stunden in der Woche, also 12 Stunden am Tag mit einer Stunde Mittagspause. Nach kurzer Zeit suchte ich den Werksarzt auf und unterrichtete ihn über meinen Herzfehler. Er reduzierte die Arbeitszeit auf 48 Stunden. Aber es sollte meines Bleibens in der Fabrik nicht sein.

Inzwischen war die Hitlerjugend auf mich aufmerksam geworden. Es bestand eine Bestimmung, nach der ältere Schüler höherer Lehranstalten als „Lagermannschaftsführer" in den Lagern der aus den bombengefährdeten Gebieten evakuierten Kinder Verwendung finden sollten. Solche Lager bestanden in Schlesien in großer Zahl. Man zog mich also aus der Fabrik ab und schickte mich zu einem Kursus von zwei Wochen nach Bad Podiebrad. Seit längerer Zeit hatte ich keinen Kontakt mit der Hitlerjugend, hatte nie einen Rang besessen oder eine Führerstellung eingenommen, besaß nicht einmal eine Uniform, die ich mir jetzt von der Familie Neumann in der Schlachthofstraße in Reichenbach entleihen musste. Die Unterweisungen, die ich in Bad Podiebrad erhielt, hörte ich schweigend an. Ihr Inhalt war zwiespältig. Einesteils waren es die bekannten Thesen der nationalsozialistischen Ideologie, anderenteils waren es nützliche und sogar sittlich einwandfreie Weisungen des Umgangs mit anderen und mit dem eigenen Körper. Mit den aus ganz Deutschland zusammengerufenen Jungen bestand ein leidliches Verstehen. Nur einer fiel mir als leidenschaftlich antikatholisch auf, ausgerechnet ein Südtiroler.

Nach Beendigung des Kurses wurde mir in Breslau gesagt: „Du kommst in ein Musterlager." Es war in Wendelborn in dem beschlagnahmten Karmelitinnenkloster untergebracht. Der Lagerleiter Lehmann war ein strammer Nationalsozialist, die Lehrerin Nikele aus Köln und der Lehrer Hartmann aus Berlin waren unpolitisch und mir gewogen. Als Frau Nikele gewahr wurde, dass ich die katholische Sonntagspflicht erfüllte, erklärte sie mir: „Ein junger Mann, der heute noch den Gottesdienst besucht, an dem muss etwas sein." Frau Nikele schenkte mir ihr Vertrauen und ließ sich höchst ungünstig über den Lagerleiter und die Wirtschaftsleiterin aus („Geschmeiß"). Der Lehrer Hartmann wies mich in den Umgang mit den 70 Jungen aus dem Berliner Wedding ein

„Wenn Sie denen sagen: Sei ruhig, das verstehen sie nicht. Sie müssen ihnen sagen: Halt die Schnauze, das verstehen sie." Es war meine Aufgabe, die Jungen außerhalb des Unterrichts zu führen, zu bilden und zu unterhalten. Es waren also Spiel und Sport zu betreiben, es waren Gruppenstunden zu halten. Ich versuchte die Jungen mit Themen aus Geschichte und Geographie zu fördern. Zum Beispiel stellte ich ihnen Leo Schlageter vor, der sich nicht nur aktiv dem Einmarsch der Franzosen ins Ruhrgebiet (1923) widersetzt, sondern auch vor seiner Erschießung die heiligen Sakramente der Buße und der Eucharistie empfangen hatte. Von aller nationalsozialistischen Indoktrination hielt ich mich fern. Die Jungen waren zutiefst zu bedauern. Herausgerissen aus ihrer Familie, getrennt von Vater, Mutter und Geschwistern, in eine raue Umgebung verbracht, die ohne Pflege und Verstehen, ohne Mitgefühl und Zärtlichkeit war, mussten sie ohne jeden Bereich des Eigenen und Privaten ausharren. Einmal wagte es ein Junge, sich auf eigene Faust zum Bahnhof in Breslau zu begeben, um nach Berlin zurückzukehren. Der Lagerleiter ließ ihn durch die Polizei zurückbringen und prügelte ihn windelweich. Einen Jungen beobachtete ich, wie er Rosenbergs „Mythus des 20. Jahrhunderts" las. Er ließ sich von der Lektüre nicht abbringen.

Meine Jungen versuchten mich mehrmals auszuforschen, welchen Rang ich in der Hitlerjugend innehätte; ich hatte überhaupt keinen. Sie erfuhren, dass ich den Sonntagsgottesdienst besuchte, und nahmen es ohne Anzüglichkeiten hin, schlossen sich freilich, soweit sie katholisch waren, nicht an. Als ich einen der wenigen katholischen Jungen fragte, ob er nicht mit mir zum Gottesdienst gehen wolle, antwortete er: „Die Oma hat immer gewollt, dass ich in die Kirche gehe." Schwierigkeiten mit den Jungen hatte ich nicht. Der Bannführer der Hitlerjugend wohnte einem Abend mit meinen Jungen bei. Sein Urteil war: „Du machst es gut, aber es ist zu hoch für die Jungen." Bei einer Treibjagd von Adeligen und hohen Offizieren dienten ich und meine Jungen als Treiber. Der uns überlassene Anteil an der Beute – zwei Hasen – war für 70 Jungen kläglich. Das Lager hatte noch einen „Unterführer", einen Breslauer Schüler namens Golenhofen. Als ich am ersten Sonntag in Wendelborn zum Gottesdienst ging, bekannte er, er sei auch katholisch, und ging mit. Ebenso verfuhr ein für Reinigungsarbeiten angestelltes Mädchen aus der Grafschaft Glatz. Golenhofen traf ich nach dem Krieg wieder als Medizinprofessor an der Universität Marburg, seinen Bruder als Zahnarzt in Mainz. Vor Weihnachten 1944 machte ich einen Kurzbesuch bei den Großeltern. Meine Schwester besuchte mich in Wendelborn. Ich hatte Kontakt zu dem aus Ostpreußen ausgewiesenen Propst Arthur Kather, der hier Unterschlupf gefunden hatte. Zur Beichte ging ich in das nahegelegene Breslau-Hundsfeld. Von Wendelborn fuhr ich mit der Bahn nach Trebnitz und stand ergriffen am Grab der heiligen Hedwig.

Ende Januar 1945 brach die deutsche Front im Osten zusammen. Die Rote Armee strömte nach Polen und überschritt bald die deutsche Grenze. Unser Lager wurde fluchtartig evakuiert. Wir kamen zunächst nach Friedrichshain im Eulengebirge und bald darauf nach Eibenstock im Erzgebirge. Wie glücklich war ich, als ich an der Tür der dortigen evangelischen Kirche einen Zettel fand, wonach am Sonntag eine Heilige Messe stattfinde. Vom Dach des Gebäudes, in dem wir untergebracht waren, beobachtete ich den Feuerschein über Dresden (13./14. Februar 1945). Nun holte mich der Krieg auf andere Weise ein. Von den Litfasssäulen forderten rote Plakate alle aus dem Osten eingeströmten wehrfähigen Männer auf, sich beim Wehrmeldeamt erfassen zu lassen. Dies tat ich und wenige Tage darauf erhielt ich (bisher als av = arbeitsverwendungsfähig eingestuft) die Einberufung zur 10. schweren Flakersatzabteilung in Wittenberg. So musste ich Abschied nehmen von meinen Jungen und begab mich auf die von alliierten Tieffliegern immer wieder unterbrochene Reise nach Wittenberg. Wir Neuankömmlinge in der Kaserne – darunter ein Einbeiniger – wurden eingekleidet und mit den Pflichten eines Soldaten vertraut gemacht. Bei der Darlegung von möglichen Verfehlungen hieß es am Schluss einer jeden regelmäßig: „Da geht die Rübe ab." Es erfolgte die Vereidigung. Getreu meiner Überzeugung sprach ich die Formel nicht mit. Niemand hat es bemerkt. In fast jeder Nacht zogen die Ströme der alliierten Bomber über uns hinweg und zwangen uns in die ausgehobenen Gräben. Wir sollten dann verlegt werden nach Nürnberg. In Saalfeld wurde unser Eisenbahnzug durch alliierte Jagdbomber mit Feuer eingedeckt; eine Anzahl von Kameraden fiel ihnen zum Opfer. Der Führer unseres Kommandos, Oberleutnant von Eyl, ordnete daraufhin den Fußmarsch in Thüringen an. In Köckeritz bei Weida befahl er uns, die Uniform auszuziehen und Zivilsachen anzuziehen. Wir wurden auf die Bauernhöfe verteilt und sollten uns dort nützlich machen, ich bei dem Landwirt Könitzer. Von ihm ist mir das Wort in Erinnerung: „Wir haben einen (lutherischen) Pfarrer am Ort, aber ein Arzt wäre uns lieber." Entsprechend meiner Zuneigung zu Russland machte ich mich mit einem Ukrainer bekannt, der auf dem Hof arbeitete. Es vergingen wenige Tage, dann besetzten amerikanische Truppen das Dorf. Sie wunderten sich über die vielen jungen Männer und stellten Untersuchungen an. Es war nur eine Frage der Zeit, wann sie erfuhren, dass wir Soldaten (gewesen) waren.

Da entschloss ich mich, aufzubrechen und zu versuchen, meine Eltern zu erreichen, die ich in Görkau (Sudetenland) wusste. In langen Märschen, mit wunden Füßen, in ständiger Gefahr, gefangengenommen oder abgeknallt zu werden, nächtigend in Scheunen und Gartenlauben, überquerte ich in Wilkau-Haßlau die Linie zwischen Amerikanern und Deutschen, hier eine amerikanische Kanone, da ein deutscher Panzer. Die Gefahr war mir nicht bewusst. Die Aufforderung, mich zu den „verteidigungsbereiten“ Volkssturmmännern zu gesellen, überhörte ich und erreichte Görkau, wo ich meine Eltern nicht mehr in der mir bekannten Wohnung antraf. In dem Ort herumirrend, begegnete ich ihnen auf der Straße an anderer Stelle. Der Vater riet mir, mich bei einer Wehrmachtsstelle zu melden, die Mutter widersprach entschieden. Das Kriegsende war in Sicht. Die verbleibenden Tage bis zum Einmarsch der Roten Armee verbrachte ich hinter einem Vorhang in dem einen Zimmer, das meine Eltern bewohnten.

IV.

Heimkehr in das besetzte Schlesien

Sogleich nach Beendigung des Krieges strebten wir zurück in unsere schlesische Heimat. Es wäre wohl klüger gewesen, diesseits von Oder und Neiße zu bleiben, aber wir ahnten damals nicht, was uns bevorstand: der Verlust der Heimat. Die Reichenbacher Eisenbahner waren mit Lokomotive und Personenwagen ins Sudetenland gekommen. Mit diesen Fahrgelegenheiten leiteten sie die Rückkehr ein. Weitere Wagen wurden angehängt, Massen von Deutschen füllten sie. In Reichenberg (Liberec) hielten Russen unseren Zug an und forderten alle Männer auf auszusteigen. Wir, die wir der Aufforderung folgten (was nicht alle taten), wurden in Fußmärschen unter russischer Bewachung über Zittau nach Görlitz geführt. Dort wurden alle Männer, die als Soldaten kenntlich waren, in russische Gefangenschaft gebracht. Wir anderen wurden freigelassen. Da ich längst Zivilkleidung trug, konnte ich mit dem Vater und mehreren Eisenbahnern die Neiße überschreiten und in langen Märschen dem Heimatort Reichenbach zustreben. Unterwegs wurden wir immer wieder von Polen angehalten und zu Arbeiten gezwungen, z. B. Holz hacken in Bunzlau, deutsches Vieh in Richtung Polen treiben, kranke Pferde polnischer Soldaten ausführen. Meine Füße waren geschwollen, ich konnte keine Schuhe mehr anziehen und umwickelte die Füße mit Lumpen.

Endlich trafen wir in Reichenbach ein. Unsere Parterrewohnung war durch einen Steinwurf in die Fensterscheibe von außen zugänglich gemacht und durchsucht worden. In

Reichenbach hatten ja viele jüdische Personen als Zwangsarbeiter gelebt. Zerstört war nichts. Die Juden hatten sich begreiflicherweise nur mit normaler Kleidung ausgestattet. Reichenbach war völlig unzerstört; es war erst nach Beendigung der Kampfhandlungen von den Russen besetzt worden. Es gab keine deutschen Behörden mehr. Ein gewisser Schulze, bekannt als der „Karnickel-Schulze", hatte sich zu einer Art Ersatzbürgermeister aufgeschwungen und stellte Bescheinigungen aus, ohne die in Deutschland bekanntlich nichts geht. Die anwesenden oder allmählich einsickernden Russen und Polen, die ich erlebte, fragten nicht danach, wie ein Deutscher sich gegenüber dem nationalsozialistischen Regime verhalten hatte. Sie sahen darauf, wie nützlich und bereitwillig er war, für ihre Interessen zu arbeiten. Wir waren rechtlos und schutzlos. Ein russischer Offizier bemühte sich, ein erbeutetes Motorrad in Gang zu bringen. Als es ihm nicht gelang, forderte er mich auf, es anzuschieben. Da ich mich taub stellte, verabreichte er mir mehrere Ohrfeigen.

Nachdem wir nach Reichenbach zurückgekehrt waren, etwa in den 20er-Tagen des Mai 1945, war die erste Frage die nach der Subsistenz: Wo finde ich Arbeit und Brot? Was sich anbot, war einzig die Beteiligung an der Wiederherstellung der zerstörten Eisenbahngeleise und -brücken, die von der russischen Kommandantur heftig gefordert und mit Bereitstellung von Wachposten urgiert wurde. So gingen der Vater und ich die kommenden Wochen und Monate zum Gleisbau und zur provisorischen Ausbesserung der gesprengten Brücke über die Peile. Wir erhielten einen bescheidenen Lohn (in polnischer Währung) und eine warme Mahlzeit. Die Arbeit war schwer und erschöpfend. Ein Meter Schiene wiegt einen Zentner. Die Eisenbahner meinten, man solle mich zum Rangierer ausbilden. Selbst war ich in keiner Richtung festgelegt. Wir fristeten kümmerlich unser Leben mit Kartoffeln und Brot, das in Reichenbach dank der Vorräte in der Hilbertmühle noch in gewissem Umfang vorhanden war; wir konnten sogar meinem Mathematiklehrer Robert Ahr dann und wann mit einem Laib Brot aushelfen. Wir waren von allen sicheren Informationen abgeschnitten. Der elektrische Strom und das Leuchtgas flossen nicht mehr. Ein paar Zloty erwarb ich durch Verkauf von Gegenständen auf dem Schwarzmarkt in Breslau. Wir Deutschen waren wehrlos. Mit einer weißen Armbinde ausgestattet, waren wir ein leichtes Ziel von Übergriffen. Man wurde auf offener Straße angehalten, zu irgendwelchen Zwangsarbeiten gezwungen, z. B. zum Abladen von Kohlen. Die einzige funktionierende „Behörde" war zunächst die russische Kommandantur. Allmählich sickerten immer mehr Polen in die Stadt ein und richteten ihr Regiment auf. Der einzige Freiraum war die Kirche. Der Gottesdienst blieb meines Wissens ungestört und konnte in den gewohnten Formen vollzogen werden. Mit meiner Schwester baute ich die Pfarrbücherei auf. Die Gläubigen gaben willig ihre Bücher her. Sie mochten ahnen oder wissen, dass ihres Bleibens nicht sein werde. In der Neujahrsnacht 1945/1946 feierten die Polen ein großes Fest im Rathaussaal der Stadt. Einige Musiker, zu denen ich zählte, spielten auf zu Tanz und Unterhaltung. Der Höhepunkt für die Polen war das Lied über Warschau, das der blinde Musiker Zimpel mit seinem Schifferklavier zur großen Freude der Anwesenden darbot. Am Neujahrsmorgen suchte ich nach dem Willen des Pfarrers den Gottesdienst zu verschönern mit dem Spiel der Geige. Die ganze Trostlosigkeit der Lage war uns wohl nicht bewusst.

V.

Entscheidung zum Priestertum

Mit der Frage des Berufes beschäftigte ich mich in meiner Schulzeit nicht. Mir schien dies immer als zu früh. Der Bruder hatte das Glück gehabt, dass er nach dem Abschluss der Schulzeit für zwei Semester die Universität Breslau beziehen konnte (Fächer Deutsch, Englisch, Geschichte). Danach wurde er zur Wehrmacht eingezogen. Die Berufswahl stellte ich stets zurück bis zur Abiturprüfung. Erst dann, so war ich überzeugt, hatte ich einen festen Grund unter den Füßen und konnte mich für einen (akademischen) Beruf entscheiden. Die Eltern sprachen mit mir nicht über einen künftigen Beruf. Sie waren wie ich der Meinung, dafür sei es zu früh. Die Mutter hatte eine düstere Ansicht über die Aussichten, nach dem Krieg ein Universitätsstudium zu absolvieren. Sie meinte, die Aufbauarbeiten würden derart überwältigend groß sein, dass geistige Tätigkeiten nicht in Frage kämen. „Ihr werdet Steine klopfen", kündigte sie uns an. In der Schule wurde gelegentlich von einem Lehrer eine allgemeine Befragung der Klasse vorgenommen, welches das berufliche Ziel eines jeden Schülers sei. Stets antwortete ich: „Ich weiß es nicht." Mein Lehrer in Biologie und Chemie, Otto Thrän, den ich nach dem Krieg in Wiesbaden traf, behauptete allerdings: „Sie wollten Geistlicher werden, und das sind Sie auch geworden." Woher er das wissen wollte, ist mir nicht bekannt. Doch sehe ich darin einen Beweis für die Tatsache, dass die Lehrer jeden Einzelnen von uns beobachteten. Gelegentlich habe ich mit meiner Großmutter, der Vertrauten meiner Jugendjahre, darüber gesprochen, ob ich

Priester werden könnte. Die Großmutter wies den Gedanken ab: „Dazu bist du nicht aus solcher Familie." Sie befand das religiöse Klima in meinem Elternhaus als ungenügend. Allmählich stellte sich aber nach dem Ende des Krieges die Frage der Berufswahl. Das Priestertum kam in Sicht.

Immer war ich im katholischen Glauben verwurzelt und erfüllte meine religiösen Pflichten gewissenhaft. Eine Glaubenskrise habe ich nicht erlebt. Die Wahrheit und die Alleinberechtigung des katholischen Glaubens standen mir allezeit fest. Die Anfechtungen, Versuchungen und Heimsuchungen, die in meinem Leben nicht fehlten, führten in der Regel zur vertieften Hinwendung zu meinem Gott und Heiland. In Wendelborn hatte ich aus eigenem Antrieb mit der Lektüre der Heiligen Schrift, zunächst mit den beiden Briefen des Apostels Paulus an die Korinther, begonnen. Meine Religiosität war immer ausgerichtet auf die Gewinnung anderer, Abständiger, Abgefallener und Andersgläubiger. Schon als Knabe war mir die Verteidigung von Glauben und Kirche eine Gewissensangelegenheit. Diese Einstellung wurde genährt durch die Lektüre apologetischer Literatur (z. B. Franz Meffert). Frühzeitig zogen mich heiligmäßige Persönlichkeiten wie Damian de Veuster (1840-1889), der Missionar der Aussätzigen auf der Insel Molokai, an. Während der Schulzeit ergriff ich jede Gelegenheit, an religiöse Literatur heranzukommen, gewiss nicht immer von höchster Qualität („Der Detektiv im Kloster"). An Sonntagen besuchte ich häufig die Pfarrbücherei der Pfarrei St. Georg. Sie wurde eines Tages verpflichtet, nur mehr religiöse Bücher auszuleihen.

Die soziale Frage beschäftigte mich schon sehr früh. Die Soziallehre der Kirche fesselte mich. Als Knabe besorgte ich mir Druckausgaben der beiden Enzykliken „Rerum novarum" und „Quadragesimo anno". Aufmerksam und mit Anteilnahme verfolgte ich das Wirken von Joseph Cardijn

(1882-1967). Er ist der Gründer der Christlichen Arbeiterjugend. Seine Vorstellungen und Zielsetzungen sprachen mich an und ich hätte gern ihre Verwirklichung in Deutschland erlebt. Arbeiterdichter wie der religiöse Heinrich Lersch fesselten mich. Die Gestalt Carl Sonnenscheins, des Berliner Apostels, faszinierte mich. Ich las seine „Notizen" und die Lebensbeschreibung von Ernst Thrasolt. Von dem Dichter Johannes Sorge lernte ich das schöne Eucharistiegebet „Die Süße füllt mich", das ich noch heute bete.

Das kirchliche Leben in Reichenbach war rege. Die Pfarrei verfügte fast immer über begabte und eifrige Kapläne, die auf der Kanzel, im Beichtstuhl, bei der Betreuung der Kranken und im Umgang mit der Jugend vorzügliche Arbeit leisteten. In Erinnerung ist mir die Volksmission von Patres der Oblaten der Unbefleckten Jungfrau (Kister, Kolfenbach, Sterdebach). Unsere Gläubigen waren gehorsam und kirchentreu. Von Antiklerikalismus habe ich nie etwas gespürt. Insgesamt ist es also nicht verwunderlich, dass ich dem Gedanken nähertrat, mich dem Dienst der Kirche zur Verfügung zu stellen. Zwar hatte ich noch immer keine Abiturprüfung abgelegt. Aber für die Schüler der 8. (letzten) Klasse der Oberschule, die zur Wehrmacht eingezogen wurden, war die Bestimmung getroffen worden, dass sie – ohne Prüfung – den „Reifevermerk" erhalten sollten, der zum Studium berechtigte. Mir bereitete diese Regelung Sorgen. Doch es gab, jedenfalls im damaligen Schlesien, keine Möglichkeit, eine normale Abiturprüfung abzulegen.

So begann ich, mich ernsthaft mit der Berufswahl zu beschäftigen. Als ich mit der Mutter über den Priesterberuf sprach, war sie dafür Feuer und Flamme. Ihr schien neben anderem vor allem die Tatsache dafür zu sprechen, dass ich nie eine Neigung zum anderen Geschlecht gezeigt hatte. Der Vater erhob keine Einwände. Nun begab ich mich zu unserem Pfarrer Wohl und bat ihn um ein Gespräch. Es nahm einen unerwarteten Verlauf. Als ich dem Pfarrer den Gedanken vortrug, das Priestertum anzustreben, brach es aus ihm heraus: „Ich habe mich schon immer gefragt, warum der nichts von der Theologie sagt." Er war also sofort bereit, von seiner Seite meine Absicht, Priester zu werden, zu fördern und die bischöfliche Behörde davon zu unterrichten. So geschah es, und ich wurde noch 1945 eingeladen, das Theologiestudium in Breslau aufzunehmen. In der Folgezeit sind mir Zweifel an der einmal getroffenen Entscheidung nicht gekommen. Zwar wusste ich um mein menschliches und religiös-sittliches Ungenügen. Aber ich vertraute auf das Urteil meiner kirchlichen Vorgesetzten und meines Beichtvaters. Da sie mir nicht von dem Vorhaben abrieten, schritt ich auf der einmal betretenen Bahn weiter. Ich habe es nie bereut.

Dom von Breslau

Von Seiten des Bischöflichen Ordinariats in Breslau gab es keine Einwände. Innerhalb weniger Wochen wurde ich aufgefordert, mich zum Beginn des Studiums Anfang November 1945 einzufinden. Da erkrankte ich an Typhus. Die Seuche grassierte in Reichenbach. Die Krankenanstalten waren ihr nicht gewachsen. Man brachte mich in das katholische Waisenhaus, in dem wir notdürftig untergebracht waren. Die Medikamente waren ebenso rar wie ärztliche Betreuung. Als ich mich Jahrzehnte später zum Blutspenden in der Universitätsklinik Mainz einfand, wurde ich wegen dieser lange zurückliegenden Erkrankung abgewiesen. Es vergingen mehrere Wochen, bis ich soweit hergestellt war, dass ich mich nach Breslau begeben konnte. Dort hatten sich etwa 20 Kandidaten für das Priestertum eingefunden, Anfänger wie ich, höhere Semester und sogar Diakone. Die Lehrveranstaltungen wurden von Theologieprofessoren wie Seppelt und Stummer, Dozenten wie Gewieß und Dürig und Priestern wie Ramatschi und Grzondziel bestritten. Wir Alumnen wohnten im Kloster der Ursulinen am Ritterplatz. Dort waren auch die Gottesdienste und die Vorlesungen. Josef Gewieß machte die Heilsverkündigung der Apostelgeschichte zu seinem Thema. Er führte uns auch in die griechische Sprache ein. Friedrich Stummer las mit uns das Buch „Ruth". Franz Xaver Seppelt behandelte die Kirchengeschichte von Anfang an. Walter Dürig führte uns in die Philosophie ein. Eine Ursuline gab uns Lateinunterricht und verbesserte so die Kenntnisse in dieser Sprache. Am Schluss des Semesters stand eine Prüfung. Anfang März 1946 erhielten wir eine Bescheinigung über den theologischen Kurs, den wir absolviert hatten; er wurde uns im Westteil des gespaltenen Deutschlands als Semesterstudium anerkannt. Mit einigen Breslauer Mitbrüdern blieb ich in oder gewann ich später wieder Verbindung. Der Glatzer Priester Anton Kriesten war Kaplan in Riesa, als ich dort am 8. April 1951 meine Primiz halten durfte. Wir blieben verbunden

Prof. Franz Xaver Seppelt

bis zu seinem Tod. Es fanden in Breslau auch Weihen statt. Sie wurden gespendet von Weihbischof Ferche. So wurde am 7. April 1946 Wilhelm Seidel zum Priester geweiht, der einer meiner Vorgänger in der Pfarrei Spremberg war, am 24. März 1946 Günther Schoppa, der mich nach der Wende in Budenheim besuchte.

Das weitgehend zerstörte Breslau bot einen deprimierenden Anblick. Die Aufräumungs- und Aufbauarbeiten waren noch nicht in nennenswertem Umfang in Angriff genommen worden. Die verbliebenen Deutschen lebten in Angst und Sorge um den Lebensunterhalt und den Rest ihrer Habe. Die angekommenen Polen suchten sich zu bereichern und waren unsicher über das weitere Schicksal der bisherigen deutschen Ostgebiete, die sie ohne völkerrechtliche Grundlage okkupiert hatten. Das religiöse Leben war dank des auf der Höhe seiner Berufung stehenden Klerus und aktiver Laien rege. In der Pfarrei St. Michael wirkte der später populär gewordene Pater Johannes Leppich SJ.

Pater Johannes Leppich SJ

Im Hedwigsstift traf ich Wilhelm Erben wieder, der von 1933 bis 1938 Kaplan in Reichenbach gewesen war.

In Breslau lernte ich die dort verbliebenen oder dorthin zurückgekehrten Mitglieder des Metropolitankapitels kennen, an der Spitze den Kapitelsvikar Ferdinand Piontek. Sie hielten die Gottesdienste und die Predigten. Bei Letzteren fesselte mich besonders die Verkündigung Pionteks. Es war die Lebensechtheit, die aus seinen Worten sprach. Von der Fassung und dem Gleichmut, mit dem die Mitglieder des Metropolitankapitels den Absturz von gesicherten äußeren Verhältnissen in die Bodenlosigkeit der Besiegten und Rechtlosen ertrugen, war ich beeindruckt. Das Eindringen in die Wohnungen und ihre Plünderungen sowie die allgemeine Rechtlosigkeit verbreiteten Furcht und Unsicherheit. Auch Professor Seppelt wurde überfallen, geschlagen und beraubt. Anspielend auf seine Vorlesung über die Christen der ersten Jahrhunderte, die er hielt, erklärte er verschmitzt: „Ich bin weder ein Martyrer noch ein Bekenner; die (!) wollten bloß meine Sachen haben."

VI.

Die Vertreibung aus der Heimat

Nun kam ein Ereignis von erschütternder Tragweite: die Annexion der deutschen Ostgebiete durch Polen und die Ausweisung der deutschen Bevölkerung. Niemand aus meinem Bekanntenkreis hatte mit solchen ungeheuerlichen Geschehnissen gerechnet; wir wurden davon überrascht. Auf den Konferenzen von Teheran (1943) und Jalta (1945) wurde die Westverschiebung der Grenze Polens beschlossen. Unmittelbar nach Beendigung des Krieges begann die ungeregelte Ausweisung der deutschen Bevölkerung aus den Polen (vorbehaltlich einer späteren Friedensregelung) zugesprochenen deutschen Gebieten, so auch aus Schlesien. Im sogenannten Potsdamer Abkommen vom 2. August 1945 wurde die „geordnete Überführung der Bevölkerung“ der unter polnische Verwaltung gestellten deutschen Ostgebiete beschlossen (Artikel XIII). Nach Abschluss des Potsdamer Abkommens hielten die ungeregelten Vertreibungen zunächst an. Der sogenannte „Überführungsplan“ vom 17. Oktober 1945 sah die Vertreibung in geschlossenen Transporten vor.

Es ist mir nicht in Erinnerung, wann wir definitiv wussten, dass uns das Schicksal der Vertreibung aus der Heimat bevorstand. Vermutlich war es im Herbst 1945. Es war uns klar, dass es weder Rettung noch Hilfe gab; wir waren rechtlos und wehrlos. Die Vertreibung der deutschen Bevölkerung aus Schlesien war ein ungeheuerliches Verbrechen, für das es keine Entschuldigung gibt. Die Untaten des nationalsozialistischen Regimes wurden durch neues Unrecht nicht gesühnt. Es ist unmöglich, Verbrechen durch Verbrechen zu vergelten. Persönlich habe ich den Verlust der Heimat nie verwunden und es stets abgelehnt, das zu Polen geschlagene Schlesien zu besuchen.

Inzwischen war die Vertreibung der deutschen Bevölkerung aus Schlesien angelaufen. In Reichenbach verlief sie ordnungsgemäß, weil ihre Organisation in deutschen Händen lag. Man wurde in eine Liste eingetragen, dann wurde ein Termin festgesetzt, an dem man mit Handgepäck zum Bahnhof zu marschieren hatte, dort wurden ca. 30 Personen in je einen der bereitstehenden Viehwaggons eingewiesen, bald darauf fuhr der Eisenbahnzug ab ohne Angabe des Zieles. Auch ich wurde in eine Liste der Auszuweisenden aufgenommen und am 10. April 1946 setzte sich der Eisenbahnzug mit unbekanntem Ziel in Bewegung.

Familie May 1950

1. Reihe: Eltern und Bruder Joachim
2. Reihe: Schwester Margarethe und Georg

Die Eltern und die Schwester blieben vorläufig noch in Reichenbach, bis die Eltern die Ausweisung im Herbst traf. Sie wurden ausgeladen in Riesa/Elbe, wo sie verharrten, bis ich sie 1958 zu mir nahm. Nach einigen Tagen und mehrfachen Aufenthalten hielt der Zug, in dem ich mich befand, in Werl/Westfalen. Dort mussten wir aussteigen und wurden nach Bestreuung mit einem Desinfektionsmittel in Wohnungen der Bevölkerung eingewiesen. Man gab mir ein Zimmer fast ohne Mobiliar bei einem älteren Ehepaar. Einesteils war ich erleichtert, dass ich nicht in der sowjetisch besetzten Zone ausgeladen wurde. Andererseits war ich betroffen, dass ich nun ohne jeden Rückhalt von Verwandten oder Bekannten mein Leben gestalten musste.

VII.

Studium

1. Fulda

Sogleich nahm ich Verbindung auf mit dem Werler Ortspfarrer, der mich an das Priesterseminar der Erzdiözese Paderborn in Bad Driburg verwies. Der Leiter des Seminars, Höfer, lehnte es ab, mich aufzunehmen, mit der unzutreffenden Begründung: „Die Schlesier gehen nach Fulda." So begab ich mich nach Fulda und fand dort Aufnahme. Der Regens des Priesterseminars, Eduard Schick, beanstandete allerdings, dass ich nur den Reifevermerk vorweisen konnte und keine regelrechte Abiturprüfung abgelegt hatte; er bestand darauf, sie nachzuholen. Daraufhin beantragte ich beim hessischen Kultusminister die Zulassung zu einem der Abiturkurse, die man für die Kriegsteilnehmer eingerichtet hatte, und erlangte sie. So trat ich in den Kurs an der Winfriedschule in Fulda ein.

Meine Schulkameraden waren fast alle Soldaten gewesen, manche mit mehrjähriger Dienstzeit in der Wehrmacht, einige Offiziere. Alle waren froh und dankbar, dass sie jetzt einen ordentlichen Abschluss der Schulzeit erlangen konnten, der für ihr berufliches Fortkommen unerlässlich war. Leider habe ich sie aus den Augen verloren, bis auf den Pater Fröhlich von der Abtei Weingarten, mit dem ich in Verbindung blieb bis zu seinem Heimgang. Die Lehrer gingen schonend mit

Kloster Frauenberg, Fulda

uns um. Sie waren bemüht, uns den begehrten Abschluss der Schulzeit zu erleichtern. Der schlesische Mathematiker Slotosch („Schlot“) knüpfte an die Materie an, die ich aus dem letzten Schuljahr kannte. Aus dem Deutschunterricht des Studienrats Siener ist mir das Aufsatzthema „Was halten Sie von einem Menschen, der keine Zeitung liest?“ in Erinnerung. Im September 1946 legte ich die Abiturprüfung ab. Daraufhin begann ich im Herbst 1946 das zweite Semester des theologischen Studiums. Da das Gebäude des Priesterseminars die Kandidaten nicht fassen konnte, wurden etwa 20 bis 25 von ihnen im Franziskanerkloster auf dem Frauenberg untergebracht. Den Regens Eduard Schick traf ich später wiederholt als Bischof von Fulda. Er war ganz und gar ein Mann des Zweiten Vatikanischen Konzils, der dort beschlossenen „Reformen“ und deren Weiterführung in der Nachkonzilszeit. Für die Anliegen der Bedenken tragenden Gläubigen hatte er kein Verständnis.

Auf die zwei Jahre, die ich in Fulda verbrachte, schaue ich mit großer Dankbarkeit zurück. Der Sorge um Unterkunft und Verpflegung enthoben, konnten wir intensiv dem Studium und der geistlichen Bildung obliegen. Das Leben und das Studium in Fulda waren äußerst konzentriert und durch nichts abgelenkt. Ich empfand mich weder als eingeengt noch als isoliert. Die Lehrveranstaltungen an dem tridentinischen Seminar hatten durchaus akademisches Niveau. Den originellen Philosophen und Apologeten Friedrich Rotter traf ich nach einer Reihe von Jahren als meinen Kollegen in Mainz wieder. Mit dem Philosophen Georg Siegmund verbanden mich landsmannschaftliche Beziehungen. Außerdem hatte ich schon als Knabe sein Buch über Friedrich Nietzsche gelesen. Joseph Huhn, der anerkannte Patrologe und Ambrosius-Forscher, bekam immer Beifall, wenn der Name „Ambrosius" in der Vorlesung fiel, was er mit einem zufriedenen Lächeln quittierte. Den Vorträgen des Spirituals Seggewiß SJ konnte ich nichts abgewinnen; sie waren mir zu abstrakt. Eindrucksvolle Exerzitien erlebte ich im Fuldaer Seminar mit Pater Ludwig Esch SJ. Die Exerzitien Pater Kronseders SJ fielen dagegen ab.

In Fulda legte ich die beiden Sprachprüfungen (Graecum und Hebraicum) ab. Mit meinen Mitbrüdern kam ich gut aus; ich beteiligte mich an einer Werkwoche in Karlshafen. Später habe ich Fulda immer wieder besucht, mich der empfangenen Wohltaten dankbar erinnert und am Grab des heiligen Bonifatius für unser Vaterland und unsere Kirche gebetet. Zweimal hielt ich dort einen Vortrag über die Lage der nachkonziliaren Kirche, nicht ohne Widerspruch zu finden. Die Einheit im Denken und Empfinden unter den Gläubigen und Priestern war dahin. Die Masse lief dem nach, was als „Fortschritt" oder „modern" ausgegeben wurde.

Das Verhältnis zu den Franziskanern, in deren Lebensbereich wir eingedrungen waren, war reibungslos. Ihre Disziplin und ihre Spiritualität waren uns Vorbild und Ansporn.

Am Frauenberg befand sich die Philosophisch-Theologische Hochschule der Franziskaner. Die an ihr tätigen Lehrer hatten durch die Promotion ihre wissenschaftliche Befähigung nachgewiesen. Ihre Dissertationen sind teilweise bis heute nicht zu entbehren. Leider fehlten ihnen die Studenten. Der Nachwuchs für den Orden in der Thüringischen Provinz blieb fast gänzlich aus. Pater Theophil probte mit uns ausgiebig den gregorianischen Choral, den er meisterlich beherrschte. Pater Honorius hielt uns kostbare Exerzitien. Pater Ewald war ein erfahrener und kluger Beichtvater. Pater Alban Herzig waltete als exakter Guardian. Bruder Ansgar war ein liebenswürdiger Pförtner. Pater Exminister Vinzenz Rock lud mich zur privaten Lektüre der Satiren des Horaz ein. Da erkannte ich den Unterschied in der Kenntnis der lateinischen Sprache zwischen den Humanisten und uns. Mein schlesischer Freund Johannes Hoppe und ich verrichteten zwei Jahre lang den Ministrantendienst in der Konventmesse der Franziskaner. Dabei passierte es mir im Winter, dass die Glasplatte, auf der die Kännchen für Wein und Wasser standen, angefroren war und beim Erheben der Kännchen zu Boden fiel und zerschellte. Ich war betroffen und schämte mich. Der zelebrierende Priester lächelte und sagte: „Scherben bringen Glück."

Die Patres mochten die Hoffnung haben, den einen oder anderen von uns Alumnen für ihre Gemeinschaft zu gewinnen. Doch ich weiß nur von einem, der sich ihnen anschloss. Von den Franziskanern übernahm ich die intensive Krippenfrömmigkeit, die sie von Weihnachten bis zum Fest Mariä Lichtmess zur Erbauung der Anwesenden übten. Bei den Franziskanern vom Fuldaer Frauenberg lernte ich das Ordensleben von innen kennen und schätzen.

Fortan hielt ich enge Verbindung zu Ordensleuten, wenn immer es möglich war. In den Jahren, die ich in Bayern verbrachte, besuchte ich die dortigen Benediktinerklöster ohne

Ausnahme, bewunderte die Architektur und die Malereien ihrer Kirchen und nahm an den Gottesdiensten teil. Ich war kein Gegner der männlichen Orden wie mein Lehrer Friedrich Wilhelm Maier. In Mainz ging ich zur Beichte ins Kapuzinerkloster, solange es bestand, danach zu den Karmeliten, gelegentlich auch zu den Franziskanern in Marienthal. Lange schätzte ich die Gesellschaft Jesu, besuchte ihre Häuser und beichtete bei ihren Patres. Viele geistreiche und fromme Jesuiten kannte ich persönlich wie z. B. Pater Pribilla und Pater Hillig, Pater Bleistein und meinen Reichenbacher Landsmann Pater Alois Stenzel. Als der Zerfall des Ordens einsetzte, zog ich mich zurück.

Die Ordensmänner, die eine Professur an den staatlichen theologischen Fakultäten anstrebten und erlangten, hielten häufig nicht, was man von ihnen erwartete: beispielhafte Frömmigkeit, Disziplin, Regeltreue, Spiritualität. Sie fühlten sich offensichtlich außerhalb des Klosters erheblich wohler als im Kloster. Als der Redemptorist Wilhelm Pesch die Professur für Neues Testament in Mainz übernahm, sagte sein Vorgänger, Nikolaus Adler, zu mir: „Da habt ihr einen guten Mann." Er würde sich gewundert haben, wie dieser „gute Mann" sich in Mainz am Katheder und Ambo aufführte, bis er auf eigenen Wunsch die Professur hinter sich ließ.

Die Leistungen der weiblichen klösterlichen Verbände konnte ich von Kindheit an erleben und dankbar erfahren. In Schlesien waren es namentlich die Grauen Schwestern, die Mägde Mariens und die Borromäerinnen, die Unermessliches für Gott und die Menschen vollbracht haben. In Reichenbach waren sie im Krankenhaus und im Waisenheim sowie in Kindergärten und Altenheimen vertreten. Die ehrwürdigen Schwestern, die im Fuldaer Priesterseminar tätig waren, suchten uns völlig besitzlosen Heimatvertriebenen wenigstens einen minimalen Grundstock an Leibwäsche zu verschaffen. In Bayern lernte ich die Armen Schulschwestern, die Dominikanerinnen und die Mallersdorfer Schwestern aus der Nähe kennen und schätzen, in Mainz die Vinzentinerinnen; es war schmerzlich, als sie sich aus den Universitätskliniken zurückzogen. Den Niedergang bzw. Zusammenbruch der meisten klösterlichen Gemeinschaften sah ich mit Schmerz. Er hätte vermieden werden können, wenn man den Anfängen der Auflösung klösterlicher Disziplin gewehrt hätte; er war ein unersetzlicher Verlust.

In Fulda lernte ich viele kommende Priester des Bistums Berlin kennen, wie beispielsweise Alfred Bengsch, und erwarb die Freundschaft des einen und des anderen, wie Hans Rupprechts. Bengsch begegnete ich in den folgenden Jahren wiederholt. So war ich Zeuge seiner Promotion in München und Gast bei dem folgenden Mahl. Unvergesslich ist mir die Heimkehrerwallfahrt von Fulda auf den Kreuzberg in der Rhön bei Brückenau. Es war mir vergönnt, ihn Jahrzehnte später erneut zu besteigen.

2. München

a. Priestererzieher, theologische Lehrer, Mitalumnen

Nach dem Bestehen der Prüfung Philosophicum am Ende des Wintersemesters 1947/1948 erinnerte ich mich, dass mein Breslauer Lehrer Seppelt jetzt an der Theologischen Fakultät München wirkte. Daher fragte ich bei ihm an, ob ich für die zwei Freisemester nach München kommen könnte. Er signalisierte seine und des Direktors des Priesterseminars „Georgianum“ Zustimmung. So siedelte ich im Frühjahr

1948 nach München über. Das Seminar war damals provisorisch im Schloss Fürstenried bzw. dessen Nebengebäuden untergebracht. Wir hausten in Schlafsälen mit Doppelstockbetten ohne Heizung. Wir waren nicht anspruchsvoll. Wir hatten ein Dach über dem Kopf und bekamen regelmäßige Mahlzeiten. Wir waren zufrieden.

Prof. Friedrich Wilhelm Maier

Über meine Lehrer an der Münchener Theologischen Fakultät habe ich mich geäußert in dem Buch „300 Jahre gläubige und ungläubige Theologie". Alle Lehrveranstaltungen fand ich anregend, bildend und nützlich. Begeisternd war der Neutestamentler Friedrich Wilhelm Maier. Er hatte lange Jahre an der Theologischen Fakultät Breslau gewirkt und von daher Verständnis für den deutschen Osten gewonnen. Zu ihm trat ich in nähere Beziehung. Er lud mich wiederholt zu Spaziergängen ein. Er sprach offen und scharf zu mir; die Diskretion verbietet es, seine Äußerungen wiederzugeben. Das Neue Testament fesselte mich mehr als alle anderen Fächer. Viel Zeit verbrachte ich in den Räumen, in denen die Bibliothek des Alten und Neuen Testaments untergebracht war. Dort waren Quellen und Literatur in gleichem Maß vorhanden. So machte ich mich vertraut „von Reimarus bis Wrede" mit den Aufstellungen der liberalen protestantischen Theologie. Lange vor der allgemeinen Diskussion las ich Bultmanns „Geschichte der synoptischen Tradition". Gütig und freundlich begegnete mir Maiers Privatdozent Rudolf

Schnackenburg. Als Schlesier teilte er meine Liegnitzer Erinnerungen und lud mich eines Sonntags in seine Wohnung ein. Gern besuchte ich seine Lehrveranstaltungen, z. B. jene über die Passionsgeschichte. Er gab mir ein Thema für eine Dissertation: „Die Kirche bei den Synoptikern". Die noch zu schildernden Umstände verhinderten, dass ich das Thema behandeln konnte. Geistvoll und spritzig trug Gottlieb Söhngen seine Lehre vor. Von ihm sagte meine Studienkollege Georg Schwarger: „Wenn ich Papst werde, wird Söhngen meine erste Kreatur (= Ernennung zum Kardinal)." Michael Schmaus erwärmte das Herz mit der Gnadenlehre, die er darbot. Seine Theologie war durchweg trinitarisch. Er war eine franziskanische Natur. Richard Egenter legte korrekt und gewissenhaft die kirchliche Morallehre dar. Von Lockerungen oder der Auflösung der katholischen Sexualethik war nichts zu spüren. Mit großem Interesse hörte ich auch den mir schon aus Breslau bekannten Alttestamentler Friedrich Stummer (Ezechiel, Psalmen). Mit Rupert Berger, Joseph Ratzinger und Karl Kertelge nahm ich an der von ihm angebotenen Lektüre der reichsaramäischen Texte des Alten Testaments teil. Aus Dankbarkeit und Sympathie ging ich in die Vorlesungen von Franz Xaver Seppelt. Klaus Mörsdorf bot das Kirchenrecht mit begrifflicher Schärfe dar. Pascher lehrte uns das Messopfer und das Priestertum über alles schätzen. Für das spätere priesterliche Wirken waren wohl am ertragreichsten die Vorlesungen von Friedrich Wilhelm Maier, Michael Schmaus und Josef Pascher. Hier wurde vor-

Prof. Dr. Dr.
Gottlieb Söhngen

Prof. Dr. Michael Schmaus (links), Prof. Dr. Richard Egenter (rechts)

bereitet, was der Priester als Seelsorger, Prediger und Liturge zu lehren und zu tun gefordert ist.

Im Priesterseminar „Georgianum“ waren Alumnen aus 13 deutschen Diözesen untergebracht. Ich war der einzige Schlesier und traf den mir aus Breslau bekannten Walter Dürig als Subregens wieder. Josef Pascher leitete das Seminar mit fester Hand und entschiedenen Grundsätzen. Er war ein strenger Mann, der nichts durchgehen ließ. Bei einer Ansprache zur Hausordnung kam er auf das pünktliche Aufstehen zu sprechen und erklärte: „Ich kontrolliere Sie nicht. Aber wenn ich einen erwischte, der nicht aus dem Bett kommt, würde ich ausspucken und mich auf dem Absatz umdre-

Prof. Dr. Dr. Klaus Mörsdorf

hen.“ Des Einzelnen nahm er sich von sich aus nicht an. Verstehen und Väterlichkeit strahlte er nicht aus. Er hatte etwas Schroffes und Kühles an sich. Als ich mich vor der Abreise in die DDR bei ihm verabschieden wollte, fertigte er mich zwischen Tür und Angel ab. Auch Mörsdorf fürchtete sich vor seinem Zornblick. Als ich einmal am Morgen bei ihm war und Pascher gemeldet wurde, ließ er eilig die Flasche mit Korn und das Glas verschwinden. Der Direktor des Georgianums legte großen Wert auf die „Mahlgemeinschaft“ im Gottesdienst und im häuslichen Leben. Bei feierlichen Anlässen wie Promotionen lud er Gäste zum Mittagessen ein, wie beispielsweise den Rektor der Universität Walther Gerlach. Dabei trat dann das Streichquartett (erste Geige: Johannes Dörr, zweite Geige: Georg May, Bratsche: Max Huber, Cello: Julius Aßfalg) in Aktion.

Prof. Dr. Dr. Josef Pascher, Regens des Gregorianums

Das belebendste Element unter den Alumnen waren die Pfälzer. Sie bestritten die Fastnachtsveranstaltung. Über den Fundamentaltheologen Gottlieb Söhngen witzelten sie: „Wen Gott lieb hat, den züchtigt er.“ Aus dieser Zeit blieben mir einige Freunde bis zu ihrem Tod (Kurt Schläger, Wunibald Hitzler, Georg Schwaiger). Eine lockere Verbindung bestand zu Joseph Ratzinger, dem ich in den folgenden Jahren wiederholt und an verschiedenen Orten begegnete. Die Alumnen waren altersmäßig sehr verschieden. Es gab relativ junge Männer, zu denen ich ja auch gehörte, und langgediente Soldaten und Offiziere sowie Spätberufene, wie den Senior Dr. Senft (Rechtsanwalt). Er war es, der mich begleitete, als ich bei meiner Abreise in die DDR mit einem Handwägelchen meine spärliche Habe zum Bahnhof brachte.

Ich kam mir nicht als Held vor, als ich von den Fleischtöpfen der Bundesrepublik in das rote „Paradies" DDR überwechselte; es war mir eine Selbstverständlichkeit. Denn ich wollte ja der Kirche dienen. Kirche ist immer Heimat, ob im Westen oder im Osten, ob im Kapitalismus oder im Sozialismus. Was mich bedrückte, war die Aussicht, dass ich meine Eltern nicht wie bisher mit Lebensmittelpaketen unterstützen konnte. Eine schlechtere Behandlung der „Zugereisten" gegenüber den Einheimischen konnte ich in München nicht feststellen. Verständnis oder Mitgefühl für uns Heimatvertriebene habe ich allerdings nicht erfahren. Ein Mitbruder sagte wiederholt zu mir: „Was wollt ihr denn alle hier?" Dass das Volk eine Schicksalsgemeinschaft ist und die Lasten aller tragen bzw. verteilen muss, kam ihm nicht in den Sinn. Die Sorge vor Überfremdung Bayerns durch die Heimatvertriebenen war unbegründet. Sie waren eingliederungswillig und anpassungsfähig. Der Urbayer Karl Weinzierl sagte zu mir: „Sie sind schon ein richtiger Altbayer geworden."

Mein Bemühen war, allen Anforderungen, die an uns Alumnen gestellt wurden, gerecht zu werden. Jeden Tag nahmen wir an der Heiligen Messe teil. Neben mir kniete eine Zeitlang Joseph Ratzinger. Wir hörten am Abend die Punkte, die uns Anleitung zum morgendlichen betrachtenden Gebet sein sollten. Sie wurden vom Direktor, dem Spiritual oder dem Subregens gegeben; das eine oder andere Mal trug sie Michael Schmaus vor. Wir ministrierten den Professoren bei ihrer Privatmesse. In Fürstenried durfte ich die niederen Weihen empfangen. Dadurch wurde ich als Kleriker in die Erzdiözese Breslau inkardiniert. Als Jahrzehnte später die Umkardination in das Bistum des Aufenthaltsortes angeordnet wurde, trat ich in die Diözese Görlitz über, den bei Deutschland verbliebenen Rest der Erzdiözese Breslau. Spender war der Augsburger Bischof Joseph Kumpfmüller. Aufgrund dieser Ausstattung wurde ich einmal eingeladen, in Großhadern beim levitierten Hochamt mitzuwirken. In der Orchestermesse ertönte zu meinem Erstaunen das „Intermezzo sinfonico“ aus Pietro Mascagnis Oper „Cavalleria rusticana“. Gegen den allgemeinen Trend blieb ich ein Liebhaber von Gottesdiensten mit Instrumentalmusik; die Würde und die Feierlichkeit der herrlichen Messkompositionen vermögen die Messbesucher zu ergreifen und himmlisch zu stimmen. Selbstverständlich beteiligte ich mich an den gemeinnützigen Unternehmungen, die im Priesterseminar anfielen. An manchen Samstagen fuhr eine Gruppe, der ich mich anschloss, von Fürstenried zu dem gegenüber der Universität gelegenen zerbombten Gebäude des Priesterseminars, um zu erhalten bzw. zu bergen, was noch zu retten war. Die Haushälterin des emeritierten Liturgikprofessors Eduard Weigl, der im Pfarrhaus von St. Ludwig untergekommen war, eiferte uns an, nach Möglichkeit das „Min“, d. i. die von Migne herausgegebenen Werke der lateinischen und griechischen Kirchenschriftsteller, aufzufinden. Als der Umzug von Fürstenried in das Seminargebäude anstand, beteiligte ich mich an der aufwändigen Verpackung der Bücher in riesige Kisten und ihrer Neuaufstellung.

Von dem Aufenthalt in Fürstenried habe ich bleibende Erinnerungen an Anton Hofmann, der später Bischof von Passau wurde, Franz Mußner, der Professor für Neues Testament in Trier wurde, Richard Egenter, der uns als Wahlbeichtvater zur Verfügung stand, Pater Gislar Aulinger von der Abtei Schweiklberg, der zur Promotion im Hause weilte. Der geistige Austausch zwischen uns war rege. Wir Studenten waren selbstverständlich kritisch gegenüber Personen und Institutionen. Unsere Kritik war freilich unreif und ermangelte der dazu erforderlichen Kenntnisse. Je mehr ich in Leben und Struktur unserer Kirche hineinwuchs, erkannte ich sie als unhaltbar. Manche Promotionen sind mir in Erinnerung geblieben. wie jene meines Landsmanns Franz Josef Schierse SJ. Wenn möglich, besuchte ich gern die Predigten von Pater Georg Waldmann SJ in der Bürgersaalkirche. Romano Guardini habe ich leider nicht gehört. In Schäftlarn erlebte ich den greisen Kardinal Faulhaber bei einer Firmung. Seine Predigt trug er frei und druckreif vor. Als das Gebäude des Georgianums halbwegs wiederhergestellt war, zog das Priesterseminar zurück in seine Heimat. Da es die Gesamtheit der Alumnen nicht fassen konnte, wurde ein Teil in einem Haus in der Königinstraße untergebracht. Dazu gehörte auch ich. Mein Stubengenosse war Wunibald Hitzler, ein vorbildlicher Priesterkandidat. Er wurde mein Freund und blieb es bis zu seinem Tod (2019).

Wunibald Hitzler

b. Wohltäter und Impressionen

Solange die Reichsmark legitimes Zahlungsmittel war, hatte ich keine Mühe, den (selbst zu zahlenden) Unterhalt im Seminar und die Kosten des Studiums an der Universität zu bestreiten. Die Lage veränderte sich mit der Währungsreform vom 21. Juni 1948. Private erhielten ein Kopfgeld in Höhe von 40 DM, wozu wenig später noch 20 DM hinzukamen. Es erhob sich die Frage, wie es weitergehen sollte. Sogleich nach Beendigung des Sommersemesters 1948 ließ ich mich als Hilfsarbeiter bei der Baufirma „Hanfstängl und

Pongratz" in München einstellen, wie mein Freund Kurt Schläger. Um Kosten zu sparen, nahmen wir „Wohnung" für die kommende Zeit in einer Baubude. Wir wurden mit Abbrucharbeiten beschäftigt. Das Werken mit der Hacke und der Schaufel und das Heben, Beladen und Fahren der Schubkarren, zumeist in glühender Hitze, gingen eigentlich über meine Kräfte, aber ich sah keine andere Möglichkeit, mein Leben zu fristen und das Studium fortzusetzen. Der Lohn betrug 1,08 DM die Stunde.

Doch es kam Hilfe. Meine Tante Lina Pietsch, die Lehrerin in Nordrhein-Westfalen war, stellte mir jeden Monat 30 DM zur Verfügung. Als das Wintersemester begann, teilte mir Frau Maria Buchborn, die Fakultätssekretärin, die ihren Onkel Professor Seppelt betreute, mit, dass dieser sich erbiete, die 70 DM, die der monatliche Aufenthalt im Priesterseminar kostete, zu bestreiten. Damit war ich gerettet und konnte das Studium fortsetzen. Auch während meiner Zeit in der DDR blieb ich mit meinem Wohltäter in Verbindung. Als ich das zweite Mal in München weilte (1955/1956), besuchte ich Seppelt öfters und las ihm, der erblindet war, auf seinen Wunsch aus der Presse vor. Als er am 25. Juli 1956 starb, hielten Schwaiger und ich ihm die Totenwache. Seppelt war ein getreuer Sohn Schlesiens, ein unprätentiöser, den Fakten verpflichteter Historiker, ein kindlich frommer Christ. Aber er hatte Prinzipien, von denen er nicht ließ. Als in München die Fakultät gegen seinen Willen einen Ordensmann auf einen Lehrstuhl setzen wollte, legte er das von ihm innegehabte Dekanat nieder. Nur Weltpriester sollten Universitätsprofessoren sein.

Die materiellen Hilfen, deren ich teilhaftig wurde, gestatteten mir, meine darbenden Eltern in Riesa mit Lebensmittelpaketen zu unterstützen. Riesa war eine mittelalterliche Klosterstadt und neuzeitliche Industriestadt. Das Stahlwerk gab Tausenden von Bediensteten Arbeit und Brot.

Katholische Kirche in Riesa/Elbe

Die katholische Zelle war ein ehemaliges Klubhaus. Der große Saal war die Gottesdienststätte. Daneben hatten der Pfarrer, der Kaplan und die Haushälterin dort ihre Wohnung. Im Keller waren Räume für Vereine und die Jugend.

Pfarrer Kretschmer von Riesa (1958)

Der Zustrom der Heimatvertriebenen vergrößerte die „Stammgemeinde“ (wie sie der Pfarrer nannte) um ein Mehrfaches. Der rege Besuch machte fünf oder sechs Gottesdienste am Sonntag erforderlich. Es hätte nach dem Krieg die Möglichkeit bestanden, ein Gotteshaus zu errichten. Aber dem Pfarrer fehlte der Unternehmungsgeist. Er war ein frommer Priester, der jahrzehntelang in der trostlosen Diaspora ausgehalten hatte, aber vorsichtig, ängstlich und misstrauisch in die Welt schaute. Das Wagnis eines Kirchenbaus traute er sich nicht einzugehen.

Die Eltern wohnten kümmerlich in zwei Zimmern des Hauses eines Fleischers. Der Meister gestand ihnen, dass er das Vaterunser nicht mehr hersagen könne. Unser Vater fand wieder Beschäftigung in seinem Beruf. Er fuhr zunächst zur Streckenkenntnis und danach als Zugführer im sächsisch-brandenburgischen Raum. Die Eltern wurden jedoch nicht heimisch in Riesa. Anderen Vertriebenen ging es ähnlich. Ein schlesischer Bauer sagte zum Vater: „Herr May, es muss doch mal wieder nach Hause gehen; wir sind doch jetzt lange genug hier." Wiederholt besuchte ich die Eltern zu einem befristeten Aufenthalt. Der Eisenbahnzug fuhr im Süden bis Ludwigsstadt, der weiterführende Zug wurde in Probstzella eingesetzt. Man musste die Nacht dicht gedrängt in einem Warteraum oder im Freien verbringen, was im Winter zu schweren Erkältungen führte. In Riesa betätigte ich mich während meines Aufenthalts bei der Jugend, hielt Gruppenstunden, in denen ich, mit dem „Nestle" in der Hand, Texte des Neuen Testaments interpretierte. Meine Schwester, die nach der Ausweisung der Eltern in Schlesien geblieben war, kam nun auch zu ihnen und nahm eine Stellung im Krankenhaus der Stadt an.

Das reiche Kulturleben Münchens, das mich anzog, ging fast völlig unbeteiligt an mir vorüber. Doch erlebte ich eine Aufführung der Johannes-Passion von Johann Sebastian Bach. Wir durften einmal im Monat das Theater besuchen. Nur selten nahm ich die Gelegenheit wahr, schon aus Kostengründen. Lediglich an Aufführungen von Pfitzners „Palestrina" und Puccinis *„La Bohème"* sowie von Zuckmayers „Des Teufels General" erinnere ich mich. Zweimal beteiligte ich mich an einem Ausflug der Fakultät. Der sachkundige Michael Hartig führte uns in die Wunderwelt des bayerischen Barock ein. So sah ich zum ersten Mal die Wieskirche, Steinhausen, Rottenbuch und Ottobeuren. Das Bayernland ist mir seitdem ans Herz gewachsen. Ich erkannte seinen Wert und seine Schätze. So verschieden die Menschen der einzelnen Gegenden waren, so lernte ich sie doch alle achten und gern haben. Ihre Sorge um die Bewahrung ihrer Identität verstand und teilte ich. Den Zustrom so vieler ins Dritte Reich Verstrickter nach Bayern, vor allem nach München und um die bayerischen Seen, sah ich mit Sorge. Mit meinem Freund Hans Eisenmann und auch mit anderen (wie Hanns Seidel) habe ich mich manchmal darüber ausgetauscht. Dass die Bayern sich ausgenutzt vorkamen, kann ich verstehen.

Stiftskirche Ottobeuren

VIII.

Das Pastoraljahr in Neuzelle

Stifts-, Pfarr- und Wallfahrtskirche Neuzelle/Oder

Zum Frühjahr 1950 erhielt ich die Einladung oder besser die Aufforderung meines Oberhirten, mein Studium abzuschließen und in das Priesterseminar Neuzelle/Oder im deutschgebliebenen Restteil der Erzdiözese Breslau (Gebiet Görlitz-Cottbus) einzutreten. Jeder Kleriker muss einen Heimatverband haben, zu dessen Dienst er verpflichtet ist. Die Inkardination geschah durch den Empfang der Tonsur, die mir schon in München mit Weiheentlassschreiben des Kapitelsvikars Piontek erteilt worden war. Es bedurfte bei mir keines Bedenkens, ob ich dem Ruf folgen sollte. Zwar war ich des Studiums nicht müde. Denn ich erkannte die Bruchstückhaftigkeit der erworbenen Kenntnisse und hätte sie gern erweitert und vertieft. Außerdem hatten mir vier Professoren eine Promotion angeboten (Kirchengeschichte, Neues Testament, Fundamentaltheologie, Kirchenrecht). Aber diese Umstände und

Erwägungen vermochten sich nicht durchzusetzen gegen die gebieterischen Forderungen: das Priestertum zu erreichen, der deutschen Diaspora zu dienen und dem Oberhirten zu gehorchen. So siedelte ich im März 1950 (mit 13 Kartons) in die DDR über, wo meine Eltern seit der Vertreibung im Oktober 1946 untergekommen waren (Riesa/Elbe), und bezog Anfang April 1950 das Priesterseminar Neuzelle, zusammen mit anderen schlesischen Mitbrüdern, die gleich mir dem Ruf des Kapitelsvikars gefolgt waren. In der gesamten Zeit meiner Vorbereitung auf das Priestertum habe ich stets im Priesterseminar gewohnt, und zwar immer mit anderen Kandidaten zusammen; ein Einzelzimmer habe ich nie gehabt.

Paul Ramatschi, Regens des Pastoralseminars Neuzelle (1951)

Das sogenannte Pastoraljahr in Neuzelle war eine Zeit ernster Vorbereitung in geistlicher und intellektueller Hinsicht. Die erfahrenen Priestererzieher Paul Ramatschi und Erich Puzik führten uns in Geist, Formen und Praxis des priesterlichen Lebens ein. Puzik erklärte uns zum Eingang, dass wir mit der Lösung vom „Westen" eine anerkennenswerte Leistung vollbracht hätten, dass wir aber nicht erwarten dürften, immerfort daran erinnert zu werden. Ramatschi belehrte uns über den Umgang mit den Gläubigen im sakramentalen und außersakramentalen kirchlichen Leben. Seine Ausführungen waren nüchtern und praktisch. Er gab uns den wertvollen Rat, uns nichts einzubilden, wenn wir in der Gemeinde beliebt seien: „Ein Kaplan, der nicht beliebt ist, ist ein Rindvieh." Wenn ich auf meine Ausbildung für die Praxis des Priestertums zurückschaue, erscheint mir die Schulung der angehenden

Priester für die Verwaltung des Bußsakraments als ungenügend. Meines Erachtens hätten Übungen zum Sündenbekenntnis und zum Zuspruch des Beichtvaters geboten werden müssen. In meinem langen Leben habe ich viele Beichten abgelegt, aber selten theologisch und psychologisch versierte Beichtväter gefunden. Puzik bot eine anspruchsvolle Aszetik und Spiritualität. Außerdem hielt er eine Vorlesung über die Lehre von der Schöpfung. Seine Ausführungen fand ich nicht selten als zu hoch und zu wenig auf die durchschnittliche Persönlichkeit der Priester abgestellt. Der Kapitelsvikar Ferdinand Piontek erschien wiederholt im Haus und hielt glasklare, geschliffene und anspruchsvolle Vorträge („Ama nesciri"; „Bene vixit, qui bene latuit"; „Bonum mihi, quia humiliasti me"). Er sprach aus der Praxis für die Praxis, frei von Illusionen und falschen Erwartungen. Seine Nüchternheit war aber mit tiefer Zuneigung zu den angehenden Priestern verknüpft. Die katechetische Ausbildung oblag dem Subregens Robert Mom-

Spiritual Erich Puzik

Kapitelsvikar
Dr. Ferdinand Piontek

mert. Sie hatte auch ihre praktische Seite. So hielten wir Katechesen mit Kindern der Neuzeller Gemeinde. Dabei hatte ich das anspruchsvolle Thema des Ablasses zu behandeln.

Das Priesterseminar in Neuzelle bedurfte dringend der Erweiterung. Da die Räume nur gemietet waren, musste die Zustimmung der Regierung eingeholt werden. So erschien eines Tages der stellvertretende Ministerpräsident Otto Nuschke, um das vorgeschlagene Projekt zu prüfen. Er war grundsätzlich wohlwollend, hatte aber keine starke Stellung in der Regierung.

Es war eine frohe, hochgestimmte Zeit in Erwartung des Tages der Priesterweihe. Die niederen Weihen hatte ich schon (mit Dimissoriales des Kapitelsvikars) in München erhalten. Die Weihen zum Subdiakonat und Diakonat empfingen wir im Dezember 1950. In der Pfarrkirche zu Neuzelle hielten wir während eines Pfarrgottesdienstes die Probepredigt. In Erinnerung sind mir die originellen Ausführungen meines Mitbruders Johannes Liehr über die „Zwiebelmethode" Satans. Wir blieben in Verbindung bis zu seinem Tod. Er lud mich mehrfach zu Predigten in seiner Pfarrkirche ein. Wir betätigten uns in Neuzelle auch körperlich. Gern spielten wir Faustball, vor allem nach dem Mittagessen. Die Schwestern, die unser Haus betreuten, hatten einen Garten. Darin baute ich ihnen eine Grube für den Kompost, die bisher fehlte. Am Oderdamm stießen wir auf die Leiche eines deutschen Soldaten, die wir ordnungsgemäß bestatteten und mit einem Kreuz versahen. Wir waren neun Kandidaten aus allen Teilen Schlesiens. Ein Mitbruder verließ vor der Subdiakonatsweihe das Seminar und kehrte in den Westen zurück, wo er ein Studium zum Gymnasiallehrer aufnahm und eine (kinderreiche) Familie gründete.

Die Priesterweihe fand am 1. April 1951 in der Pfarrkirche zu Neuzelle statt. Weihespender war der Meißener Bischof Heinrich Wienken. Er hatte in der Zeit des Natio-

Auszug nach der Priesterweihe 1. April 1951

nalsozialismus und des Sozialismus den schweren Dienst des Vermittlers und Bittstellers beim Staat ausgeübt. Nüchtern und phrasenlos schickte er sich in die Verhältnisse und erwartete von den Priestern ein ähnliches Verhalten. Der Diözesanbezirk Görlitz-Cottbus konnte und wollte nicht alle Neupriester aufnehmen. Er behielt nur vier; die übrigen wurden den restlichen Jurisdiktionsbezirken der DDR überlassen. Ich gehörte zu den vier. Die Kriterien, nach denen die Auswahl getroffen wurde, sind unbekannt. Es waren sicher nicht Wertmaßstäbe. Die Primiz hielt ich in Riesa, dem Wohnort meiner Eltern. Sie fand in der (evangelischen, ehemals katholischen) Klosterkirche statt. Eine Anzahl von Mitbrüdern hatte sich eingefunden, darunter (aus Breslauer Tagen) Gerhard Schwingel und Anton Kriesten sowie der aus

Primiz am 8. April 1951 in Riesa

Reichenbach stammende Pfarrer Paul Gärtner. Die Predigt hielt Wilhelm Erben. Die Riesaer Gemeinde nahm lebhaften Anteil an der Feier.

Confratres von links nach rechts:
Hintere Reihe:
Paul Gärtner, Pfarrer von Pulsnitz, Wilhelm Erben
Vordere Reihe:
Anton Kriesten, Georg May, Gerhard Schwingel

Eine Nachprimiz hielt ich in Strümp, wo mein Heimatpfarrer Wohl das Pfarramt innehatte. Dabei versammelten sich manche Freunde und Bekannte aus der Heimat, darunter meine Tante Lina Pietsch. Sie schwärmte gern von der Idylle eines geräumigen Pfarrhauses mit einem schönen Garten. So hatte sie es auf den zahlreichen Stellen, an denen sie eingesetzt war, erfahren im Riesen- und Isergebirge und in der Ebene zwischen Neusalz und Grünberg. Doch diese Zeiten waren vorbei. In der Diaspora der Sowjetzone bzw. der DDR musste jede geringfügige Verbesserung der äußeren Lage der Kirchengemeinden den Behörden mühsam abgerungen werden. Bald nach der Primiz assistierte ich der Eheschließung meiner Schwester mit einem bodenständigen Riesaer Katholiken.

IX.

Zwei seelsorgliche Wirkungsorte

1. Doberlug-Kirchhain

Priester bin ich geworden, weil ich Seelsorge betreiben wollte. Als mich der Regens Ramatschi vor der Priesterweihe fragte, welche Pläne ich für die Zukunft hätte, antwortete ich: „Ich will Seelsorger werden und nehme jede Stelle." Er kommentierte meine Erklärung mit der Erwiderung: „Sie werden sich auch auf jeder Stelle kaputtmachen." Das Bischöfliche Ordinariat schickte mich zuerst nach Doberlug-Kirchhain. Der dortige Pfarrer Stephan Wagner war erkrankt. Sein Vertreter war sein bisheriger Kaplan Johannes Langner. Ihm wurde ich zur Unterstützung beigegeben für einige Wochen. Er übertrug mir u. a. den Schulentlassungsunterricht und beteiligte mich an den Gottesdiensten vorzüglich auf den Außenstationen. Es war der Monat Mai; an jedem Abend wurde eine Maiandacht, häufig mit einer

Katholische Kirche Doberlug-Kirchhain: Hochaltar

Predigt verbunden, gehalten; die Beteiligung der Gemeinde war zahlreich.

Langner war ein tieffrommer, äußerst gewissenhafter Priester. An ihm hatte ich das beste Vorbild. Nach seiner Rückkehr aus dem Krankenhaus besuchte ich Pfarrer Wagner und erhielt von ihm wertvolle Hinweise für eine situationsgerechte Diasporaseelsorge. Leider war sein Leiden unheilbar, so dass er schon 1963 starb. Die Gemeinde in Doberlug-Kirchhain war willig und fromm, kinderfreudig und kirchentreu; sie bestand zum größten Teil aus Heimatvertriebenen. Das religiöse Leben war rege. Männer, die in den dortigen Kohlengruben arbeiteten, kamen nach der Nachtschicht des Samstags zum Sonntagsgottesdienst und fragten mich, ob sie von Mitternacht an nüchtern bleiben müssten und nichts trinken dürften, wenn sie am Sonntag die heilige Kommunion empfangen wollten. In Erinnerung an die Moraltheologie, die ich gehört hatte, und im Besonderen an die Lehre von der Epikie entgegnete ich ihnen, dass das Nüchternheitsgebot unter diesen Umständen nicht verpflichte. In Doberlug-Kirchhain erlebte ich einen Fall von Vandalismus. Eines Morgens entdeckten wir, dass Unbekannte in die Sakristei der Kirche eingedrungen waren und sie verwüstet hatten; Paramente lagen zerstreut im Garten.

Dobrilugk war eine ehemalige Zisterzienserabtei in der Niederlausitz, eine Stätte deutscher und christlicher Kultur, die 1540 aufgehoben wurde. Die einstige Klosterkirche wurde protestantische Pfarrkirche. Nach und nach siedelten sich wieder katholische Christen an. Doberlug-Kirchhain war jetzt ein Bahnknotenpunkt. Gelegentlich steuerte der Vater ihn mit dem Zug an. Ungern schied ich aus Doberlug-Kirchhain.

2. Spremberg

Hochaltar der Pfarrkirche in Spremberg

Nach der kurzzeitigen Vertretung in Doberlug-Kirchhain wurde ich als Kaplan nach Spremberg in die Niederlausitz geschickt. Die Stadt liegt zwischen zwei Armen der Spree, hatte Tuchindustrie und war Mittelpunkt eines Braunkohlengebietes. Spremberg war noch gegen Ende des Krieges von Truppen der Roten Armee besetzt worden, die dort entsprechend ihrer Art gehaust hatten. Auffallend war die hohe Zahl der verwitweten Frauen, die ihren Mann im Krieg verloren hatten. Die Erzdiözese Breslau hatte hier schon im 19. Jahrhundert eine Pfarrei St. Benno errichtet, die also nicht erst durch den Einstrom der Heimatvertriebenen aus Schlesien und dem Sudetenland erforderlich wurde. Pfarrer war seit 1939 Roman Adamski, der aus Königshütte in Oberschlesien stammte und die polnische Sprache beherrschte. Er hatte in Breslau promoviert mit einer Arbeit über Johann Michael Sailer und das Interesse an der Wissenschaft und einer wissenschaftlichen Laufbahn nicht verloren. Er dürfte lange Jahre die Hoffnung gehabt haben, aus der Seelsorge in die Wissenschaft überzutreten, was er mir wiederholt mit Bedauern über die Nichterfüllung seines Wunsches unterbreitete. Die Pfarrei war bekannt für den relativ raschen Wechsel der Kapläne (Graf, Seidel, Englisch).

Mein Freund Erben sagte mir vorher: „Du kommst an die schlechteste Stelle der Diözese." Doch das war übertrieben.

Wilhelm Erben (Mitte) mit Alumnen, links Georg May, 1950 in Neuzelle

Adamski übertrug mir den normalen Seelsorgedienst in Gottesdienst, Predigt und Verwaltung des Bußsakraments. Ebenso beauftragte er mich mit der Vorbereitung der Kinder zu Erstbeichte und Erstkommunion sowie mit dem Religionsunterricht. Wir beiden Priester gaben jeden Tag und selbstverständlich auch am Samstagnachmittag und vor den Sonntagsmessen Gelegenheit zum Empfang des Bußsakraments und diese Gelegenheit wurde benutzt. Wir hatten in Spremberg mit den vielen Dörfern der Umgebung jeden Sonntag sechs Gottesdienste, drei in der Pfarrkirche und drei auf den Außenstationen. Wer den Dienst in der Pfarrkirche hatte, musste für den Sonntag jeweils zwei Predigten vorbereiten, eine für die Gemeinde allgemein, die andere für den Kindergottesdienst. So lernte ich die Seelsorge in der Diaspora gründlich kennen. Wir feierten den Gottesdienst in protestantischen Kirchen, in Schulsälen und in Privatwohnungen, stets mit gläubigen, kirchentreuen, willigen sowie opferbereiten Christen, allerdings meistens in geringer Zahl, einmal mit vier Personen. Ähnlich war es um die Gruppenstunden und den Religionsunterricht bestellt. An einem Ort hatte ich einen einzigen Jungen, den ich im Glauben unterrichtete. Im Gebiet der Pfarrei Spremberg lag die „Schwarze Pumpe“, ein riesiges Gebiet, in dem Braunkohle abgebaut wurde. Es gelang, dort eine neue Kirche zu bauen und eine Seelsorgestelle einzurichten. Der erste Kuratus war Franz Wientzek, ein erfahrener und tatkräftiger Seelsorger, der mehrere Jahre im Wehrdienst zugebracht hatte.

Mit Ministranten (Spremberg) 1952,
Kaplan Georg May (hintere Reihe Mitte)

Mir war die Jugend anvertraut, von den Ministranten bis zu den Schwestern im Krankenhaus. Da ich selbst ein katholisches Jugendleben wegen der Einschränkungen des Regimes nicht kennengelernt hatte, musste ich mir seine Formen erst erarbeiten. So hielt ich Gruppenstunden, Anbetung des Allerheiligsten, Wallfahrten (Neuzelle) und sogar (verbotene) Zeltlager. Als Besucher in Dörgenhausen auf meine Jungen stießen und sie als „Junge Pioniere“, Mitglieder der staatlichen Jugendorganisation, ansahen, nickten die Jungen verständnisvoll. In Erinnerung ist mir ein Musikabend mit einer Spremberger Sängerin und der Cousine meiner Mutter, der Berufsschullehrerin Elisabeth Schneider aus Görlitz, am Klavier, den ich für meine Jugendlichen veranstaltete („Schubertabend"). Unter den Jugendlichen, die regelmäßig die Gruppenstunden besuchten, befand sich ein Junge, der unter dem Verdacht stand, ein Spitzel der Staatssicherheit zu sein, sehr wahrscheinlich zu Recht. Mit meinen Jugendlichen führte ich das Spiel von der heiligen Hedwig auf, aus Mangel an einer anderen Stätte, in der Pfarrkirche. In der Folgezeit wurde es auch an anderen Orten aufgeführt. 1952 nahm eine Anzahl Jugendlicher am Katholikentag in Berlin teil, die ich in ihrem Zeltlager besuchte. Wenn ich aus der heutigen religiösen Lage der Jugend in die Vergangenheit zurückschaue, kann ich nur mit Bewunderung an die beträchtliche Zahl von Jungen und Mädchen denken, die nicht nur ausnahmslos den Sonntagsgottesdienst besuchten, sondern auch alle vier Wochen beichteten und kommunizierten. An den Tagen, an denen der Herr im allerheiligsten Sakrament zur Anbetung ausgesetzt wurde, fanden sich nicht wenige zu einer vollen Stunde des Gebetes ein. Als ich aus Spremberg schied, schenkte mir die Jugend ein geschnitztes Holzkreuz.

Der Pfarrer übertrug mir auch den Dienst im Spremberger städtischen Krankenhaus. Eine katholische Angestellte überreichte mir beim Eintreffen in dem Haus eine Liste der katholischen Patienten. In den Zimmern, in denen sie untergebracht waren, begrüßte ich stets auch die nichtkatholischen Kranken. Niemand bereitete mir Schwierigkeiten bei Besuchen und bei der Spendung der Sakramente. Wiederholt wurde ich in der Nacht zu Sterbenden gerufen. Einmal war eine ganze Familie mit einer Pilzvergiftung eingeliefert worden. Ein Kind starb. Die Mutter sagte mir: „Mir kommen gute und schlechte Gedanken." Vor Weihnachten durfte ich sogar auf den Gängen des Krankenhauses predigen. In der politischen Gemeinde bestand eine Blindenanstalt, in der mehrmals im Jahr Gottesdienst mit vorangehender Beichtgelegenheit gehalten wurde. Auch hier verliefen meine seelsorglichen Besuche störungsfrei.Bei der Vorbereitung der Blinden leistete die Fürsorgerin Hedwig Andreschek mit guten Mädchen hervorragende Arbeit. Überhaupt war ihrem Eifer für Gottes Ehre und der Menschen Heil keine Mühe zuviel.

Die Fahrten zu den Außenstationen in Doberlug-Kirchhain bewältigte ich zunächst mit dem Fahrrad. Aber ich war ungeübt im Radfahren, es fiel mir schwer, die weiten Strecken auf teils unbefestigten Wegen zurückzulegen. Daher entschloss ich mich, zum Motorrad überzugehen. In Riesa nahm ich an einem Fahrkurs teil, erwarb die „Fahrerlaubnis" und kaufte eine Maschine mit 125 Kubikzentimetern Hubraum. Damit unternahm ich fernerhin die Fahrten im Bereich der Pfarrei und darüber hinaus. Ein versierter Fahrer wurde ich nicht, hatte namentlich im Winter bei Glätte Mühe, mich auf der Maschine zu halten, und wurde einmal von der Volkspolizei zu einem Bußgeld von 20 Mark verurteilt, als ich einen Ministranten mitnahm ohne den vorgeschriebenen Soziussitz. Auf meine Bitte erniedrigte die Polizei das Bußgeld auf 10 Mark. Mein monatliches Einkommen betrug 149 Mark und 66 Pfennige, wovon 100 Mark beim Pfarrer für Unterkunft und Verpflegung im Pfarrhaus verblieben. Ein Volkspolizist sagte zu mir: „Für das Geld würde ich nicht arbeiten."

Mehrmals im Jahr fanden Konferenzen der Priester des Dekanates Cottbus statt. Dabei wurde gebetet und gebeichtet sowie ein religiöser oder wissenschaftlicher Vortrag gehalten. So sprach Hermann Hoffmann über Augustinus als Seelsorger. Im November 1951 wurde ich gebeten, ein Referat über das im Vorjahr verkündete Dogma von der leiblichen Aufnahme Mariens in den Himmel zu halten. Die Priester, die ich kennenlernte, waren ohne Ausnahme glaubensfeste und selbstlose Männer, die sich im rastlosen Dienst verzehrten. Beispielshalber nenne ich als herausragende Priesterpersönlichkeiten Bruno Broß und Heribert Titze. In Finsterwalde wirkte der aus Reichenbach stammende Maximilian Schubert als Pfarrer, in Sedlitz der ebenfalls in Reichenbach beheimatete Paul Gärtner. Von den Priestern im Dekanat und darüber hinaus lernte ich, was intensive und nachhaltige Seelsorge ist, wie man um jeden einzelnen Gläubigen ringen muss und keinen aufgeben darf und wie alles Bemühen um Seelen von immerwährendem Gebet begleitet werden muss. Die meisten Spremberger Christen waren gläubig und fromm, besuchten treu und zuverlässig den Gottesdienst, empfingen regelmäßig das Bußsakrament. Die Gläubigen standen zu ihren Priestern in Achtung, Dankbarkeit, Vertrauen und Zuneigung. In meinem ganzen Leben habe ich nicht mehr so viel Anhänglichkeit erfahren wie in dieser Pfarrei. Mit Wehmut verließ ich Spremberg.

In Spremberg begann ich damit, mir eine Art Archiv anzulegen. Darin sammelte ich Berichte von Ereignissen der Geschichte und der Natur, von Personen und Verbänden, Worte und Aussprüche von vorbildlichen und abschreckenden Personen, Angaben von Zahlen und Statistiken, insgesamt alles, was für die gelegentliche Verwendung in Predigt, Beichtzuspruch, Religionsunterricht und Jugendstunden brauchbar erschien. Als ich das gesammelte Material bei meiner Übersiedlung nach München zurücklassen musste, vernichtete es der Vater; es war ihm zu brisant. Nun begann das Sammeln von neuem. Das schriftliche Ausarbeiten der Predigten behielt ich lebenslang bei.

Meine Tätigkeit in der Seelsorge ist kein Heldenlied. Ich habe manche Fehler gemacht, z. B. unbedacht geredet, Versäumnisse zugelassen, es am Erwerb der notwendigen

Tugenden fehlen lassen, das Beispiel heiligmäßiger Mitbrüder nicht nachgeahmt. Als ich Ramatschi erzählte, Pfarrer Adamski habe mich aufgefordert zu rauchen, dann würde ich gemütlicher werden, fragte er: „Ja, sind Sie so ungemütlich?" In den Predigten und im Unterricht nahm ich kein Blatt vor den Mund. Zwar legte ich es nicht darauf an, die Behörden und den Staat zu provozieren, war aber in der Verkündigung des Glaubens und der sozialen Botschaft der Kirche nicht zurückhaltend. Vor allem wollte ich die Gläubigen, zumal die Jugendlichen, gegen die pausenlos vorgetragenen Angriffe gegen Religion und Kirche immunisieren. Die Kinder sollten wissen, was sie zu erwidern hatten, wenn sie mit den Attacken gegen das „Opium des Volkes" konfrontiert wurden. Im Besonderen die Predigt bei Beerdigungen benutzte ich zu apologetischen Zwecken. Auf dem Friedhof fanden sich ja viele Personen ein, die nicht zur Stammgemeinde gehörten, Abständige, Abgefallene, Ungläubige.

Ihnen versuchte ich Glauben und Kirche nahezubringen. Dies schien mir besonders angebracht bei der Beerdigung eines Jungen, der sich als Führer in der „Freien Deutschen Jugend" hervorgetan hatte. Dabei hatte ich mich wohl zu weit vorgewagt. Im Frühjahr 1953 erhielt ich den Besuch des Bürgermeisters. Er befragte mich über meine Stellung zum Staat. Meine Antwort war Röm 13,1: „Seid untertan jeglicher Obrigkeit." Darauf kam die Frage: „Predigen Sie das nur oder tun Sie das auch?" Die Lage begann ungemütlich zu werden. Der Vater war besorgt. Wenn ich längere Zeit nicht schrieb, hatte er eine zweifache Vermutung: Entweder ist er mit dem Motorrad verunglückt oder eingesperrt worden.

In dieser Zeit trat ich der Priestergemeinschaft Unio Apostolica bei. Ihre Mitglieder wollen den Bischöfen eine apostolica acies bene ordinata bereitstellen. Regel und geistliches Direktorium stützen und fördern die Arbeit der Diözesanpriester an sich selbst und an den ihnen Anvertrauten.

Die tägliche Selbstkontrolle durch Führen einer Schedula vertieft die persönliche Verantwortung.

Dr. Roman Adamski, Pfarrer von Spremberg (Erster von links)

X.

Am Priesterseminar in Erfurt

Assistent am Priesterseminar Erfurt mit Alumnen (1953)

In dieser Lage erreichte mich die Versetzung als Assistent an das Priesterseminar Erfurt. Damit hatte es folgende Bewandtnis. In Erfurt bestand seit 1952 das Regionalpriesterseminar für die kirchlichen Jurisdiktionsbezirke in der DDR mit rechtlich unterschiedenem Alumnat und philosophisch-theologischem Studium. Beim Kaplansexamen des Jahres 1952 fragte mich der Kapitelsvikar Piontek, welche Pläne ich für die Zukunft hätte. Ich entgegnete: „Ich will Pfarrer werden.“ Er quittierte diese Äußerung lächelnd: „Alle wollen bloß Pfarrer werden.“ Dann setzte er mir auseinander, dass der Diözesanbezirk Görlitz-Cottbus einen Offizial benötige, also einen Richter vor allem für die Eheprozesse. Der bisherige Offizial, Johannes Jedin, hatte sein Amt abgegeben und war nach Westdeutschland umgezogen. Es musste also ein Ersatz für ihn gefunden werden. Das Amt war anspruchsvoll. Vor allem erforderte es genaue Kenntnisse im kanonischen

Recht, die in einem weiteren Studium zu erwerben waren. Dazu hatte Piontek mich ausersehen. Als er mir seine Absicht unterbreitete, wandte ich ein, dass meine Vorliebe dem Neuen Testament gelte. Dazu bemerkte Piontek: „Es kommt nicht auf Ihre Wünsche, sondern auf die Bedürfnisse der Diözese an.“ Daraufhin gab ich mich geschlagen und willigte ein, mich im Kirchenrecht weiterzubilden.

Niemals hatte ich die bekannte Aversion nicht weniger Theologiestudenten gegen das Kirchenrecht. Einer meiner Studienkollegen, der später ein berühmter Professor wurde, erklärte mir beispielsweise: „Nach dem Examen ist mein Codex (das kirchliche Gesetzbuch) billig zu haben.“ Die Notwendigkeit der Ordnung und exakter Disziplin in der Kirche hat mir immer eingeleuchtet. Die seit dem Zweiten Vatikanischen Konzil ständig chaotischer werdenden Verhältnisse bestätigten meine Einschätzung; denn sie sind grundlegend auf den Zusammenbruch der Disziplin in der Kirche zurückzuführen. Also nahm ich Verbindung auf mit Klaus Mörsdorf, meinem Münchener Lehrer für Kirchenrecht, und fragte an, ob er mich zur Promotion annehmen würde. Er stimmte freudig zu und war einverstanden, dass ich als Thema der Dissertation die geistliche Gerichtsbarkeit im mittelalterlichen Thüringen bearbeiten sollte.

So siedelte ich im April 1953 nach Erfurt über und bezog ein kleines Zimmer im dortigen Priesterseminar. Dieses wurde geleitet von dem bewährten Priestererzie-

Prof. Erich Kleineidam (Erfurt)

her, Philosophen und Theologen Erich Kleineidam. Er war ein durch und durch kirchlicher Mann, mit großer Menschenkenntnis und Führungskraft begabt, klar und scharf im Urteil. Kleineidam war auch ein Mann des offenen Wortes. Er besaß eine beinahe unglaubliche Kenntnis von Personen aus Kirche und Wissenschaft. Das Wissen um die mittelalterliche Theologie bereicherte er mit gehaltvollen Untersuchungen. Neben ihm wirkte als sein Beistand und Untergebener der Berliner Priester Horst Rothkegel. Ihm oblag die Regelung der äußeren Verhältnisse des Seminars von der Verpflegung bis zur Beleuchtung, was ihm mit offenbarem Geschick gelang. Meine Obliegenheiten als Assistent des Regens waren nicht schwer. Als einer der Hausoberen hatte ich mich an der Bildung und Erziehung der Priesterkandidaten zu beteiligen. Außerdem unterrichtete ich die Alumnen in der lateinischen und zeitweise in der hebräischen Sprache. Da das Priesterseminar über keinen Alttestamentler verfügte, tauchte bei einigen Professoren (so Heinz Schürmann) der abenteuerliche Gedanke auf, ich könnte dafür gewonnen werden, das Alte Testament zu übernehmen. Doch dafür fehlten mir alle Voraussetzungen. Übrigens hatte man in der Zeit, als ich noch in Spremberg war, daran gedacht, den dortigen Pfarrer Dr. Adamski für die Lehre des Alten Testaments heranzuziehen. Er hatte sich die Erfurter Verhältnisse angesehen und dann diesen Plan abgelehnt.

Meine Hauptaufgabe in Erfurt war die Erstellung der Dissertation. Dafür war ich fast zur Gänze auf ungedrucktes Material des Erfurter Domarchivs und des Staatsarchivs Würzburg sowie einiger anderer Archive (Magdeburg, Weimar, Mühlhausen) angewiesen. Da ich keine paläographische Vorbildung hatte, suchte ich die Kunst, Handschriften zu lesen, bei und mit Professor Joseph Klapper, einem Fachmann für Mittellatein, zu erlernen. Einen besseren Lehrer hätte ich mir schwer denken können. Viele Stunden verbrachten wir in

Prof. Dr. Joseph Klapper

den (ungeheizten) Räumen des Domarchivs mit dem Lesen von häufig kaum leserlichen Akten.

Die priesterlichen Pflichten wie Gebet und Gottesdienst hatte ich selbstverständlich weiterhin zu erfüllen. Die Erfurter Pfarrer forderten mich nicht selten zur Aushilfe bei den sonntäglichen Messen an. Vor allem im Dom war ich relativ häufig zu Gast. Daneben war ich jeden Samstag als Beichtvater in der Brunnenkirche tätig. Der starke Andrang hielt mich regelmäßig mehrere Stunden fest. Vor allem Jugendliche benutzten die Beichtgelegenheit, die Pater Freund SJ und ich anboten. Bei der Jugendwallfahrt 1954 nach Erfurt durfte ich vor 6000 Jugendlichen predigen. Angesichts dieser vielfachen Beanspruchung habe ich von Erfurt und Umgebung so gut wie nichts gesehen. Der jahrelange

Bischof Johannes Dietz, Fulda, mit Pater Freund SJ und Georg May (links), ca. 1954 (Ausgang Dom Erfurt)

Aufenthalt in verschiedenen Priesterseminaren (Breslau, Fulda, München, Neuzelle, Erfurt) ist mir immer als eine wertvolle Schule der Bildung und Erziehung erschienen, auf die ich mit Dankbarkeit zurückblicke. Dort habe ich für das persönliche und dienstliche Leben unentbehrliche Weisungen und Anregungen empfangen. Die Geringschätzung oder gar Gereiztheit gegen die Seminarbildung, die bei manchen Priestern zu beobachten war, habe ich nie geteilt.

Es war nicht ganz einfach, für das Erfurter Studium qualifizierte Professoren zu finden. Der Übertritt aus der Bundesrepublik in die DDR fiel nicht jedem leicht. So dauerte es eine Weile, bis alle Lehrstellen besetzt waren. Man musste sich mit Aushilfen aus der Bundesrepublik behelfen. So kamen u. a. Leo Scheffczyk und Othmar Schilling jeweils für ein Semester zu uns. Dennoch erlangte die Anstalt rasch allgemeines Ansehen. Der bekannteste Lehrer des Erfurter Studiums war der Exeget Heinz Schürmann, ein bedeutender Gelehrter und vorbildlicher Priester. Er vereinte philologische Akribie mit spiritueller Zielsetzung. Er erhielt einen Ruf nach dem anderen an mehrere Universitäten, lehnte aber alle aus Treue zur Diaspora ab.

Prof. Dr. Heinz Schürmann (1952)

Die spätere Öffnung des Erfurter Studiums für Frauen begrüßte ich nicht. Denn ich erwartete einen Rückgang des Priesternachwuchses, der auch prompt eintrat. Die nach der „Wende“ von dem Ministerpräsidenten Bernhard Vogel betriebene Umwandlung des kirchlichen theologischen Studiums Erfurt in eine staatliche theologische Fakultät hielt (und halte) ich für verfehlt. Mein Hauptgrund war die Verminderung des kirchlichen Einflusses auf Besetzung und Abberufung des Lehrkörpers. Die kritische, teilweise feindselige Einstellung nicht weniger staatlicher Theologieprofessoren gegen den Heiligen Stuhl war mir bekannt, und ich erwartete eine ähnliche Haltung von Mitgliedern der neuen staatlichen Fakultät in Erfurt. Außerdem sah ich die „Entklerikalisierung“ der Lehrstellen voraus. Heute ist sie längst eine Tatsache.

XI.

An der Universität München

1. Promotion

Kleineidam gebot mir streng, die Dissertation müsse in zwei Jahren abgeschlossen sein. Es gelang mir, trotz starker gesundheitlicher Beschwerden, den Zeitplan einzuhalten. Vater brachte das ins Reine geschriebene Exemplar „Die geistliche Gerichtsbarkeit des Erzbischofs von Mainz im Thüringen des späten Mittelalters“ nach München. Die Dissertation wurde angenommen. Danach wurden die Termine für die schriftlichen und mündlichen Prüfungen festgesetzt. Diese waren außerordentlich umfangreich und betrafen alle Fächer der Theologie. Die Professoren waren anscheinend mit meinen Leistungen einigermaßen zufrieden. Ein Frage Hermann Tüchles in der mündlichen Prüfung über die Kirchengeschichte vermochte ich nicht zu beantworten, nämlich was das Charakterbild des Nikolaus von Kues trübe; er gab sich selbst die Antwort: die Kumulation von Pfründen. Nachdem die Prüfungen bestanden waren, wurde der Termin für die öffentliche Diskussion bestimmt. Dafür waren aus jedem Fach drei Thesen (in lateinischer Sprache) aufzustellen, die dann in der Öffentlichkeit zu verteidigen waren. Die Disputation fand am 12. Februar 1955 in der Aula der Münchener Universität statt. Mit mir wurden Ludwig Hödl (Dogmatik) und Engelbert Neuhäusler (Neues Testament) promoviert. Jeder Promovend hatte sich dem Gespräch mit je zwei Professoren zu stellen. Klaus Mörsdorf diskutierte mit mir u. a. die sogenannte „Onkelehe“, das heißt, ob in den Fällen, in denen geschlechtsverschiedene Personen wegen befürchteter Benachteiligung bei der Versorgung mit der Rente die Eheschließung unterlassen, die außerordentliche Eheschließungsform in Frage komme. Vinzenz Hamp sprach literarkritische Fragen des Alten Testaments an. Die Promotion war damit abgeschlossen.

Nun war ich am Ende meiner Kraft. Für etwa 14 Tage fand ich Aufnahme in einer Münchener Privatklinik. Inzwischen taten sich Dinge, von denen ich völlig überrascht wurde. Nach den vorangegangenen Gesprächen hatte ich angenommen, dass ich jetzt in die DDR zurückkehren und den Posten des Offizials im Diözesanbezirk Görlitz-Cottbus einnehmen würde. Doch weit gefehlt. Mein Lehrer Klaus Mörsdorf hatte sich ohne mein Wissen und ohne mein Wollen mit dem Kapitelsvikar Piontek in Verbindung gesetzt und ihn ersucht, mich für die Habilitation im Kirchenrecht freizugeben. Der Oberhirte stand vor einer schwierigen Entscheidung. Eben hatte er einen Mann, der für den Posten des Offizials vorgesehen war, ausbilden lassen und nun sollte er auf ihn verzichten. Piontek ließ mir die Wahl.

Aufrichtig gestehe ich, dass ich mir die Universitätslaufbahn nicht zutraute. Denn ich hatte Einblick gewonnen in die Wissenschaft und erkannt, was sie fordert; ich hatte viele Gelehrte kennen- und schätzengelernt. Beide Tatsachen schreckten mich ab von dem Ziel, Professor zu werden. Dass ich schließlich nachgab und zustimmte, war allein dem Drängen Klaus Mörsdorfs zu verdanken. Also entschied ich mich für die Habilitation. Piontek kommentierte meine Entscheidung mit den Worten: „Sie begeben sich auf ein glattes Parkett.“ Dieses Wort sollte sich in ungeahnter Weise erfüllen.

2. Wissenschaftlicher Assistent

Nun blieb ich in München und bezog ein Zimmer im Haus der Mallersdorfer Schwestern in der Kazmairstraße 66. Mörsdorf sicherte meinen Unterhalt, indem er mich zu seinem Assistenten machte, der aus einer der Fakultät zur Verfügung stehenden Diätendozentur besoldet wurde. Dazu musste ich mich dem damaligen Rektor der Universität, dem Mediziner Alfred Marchionini, vorstellen. Bei dem Gespräch kam er auf die Ausweisung der Salzburger Protestanten zu sprechen, zu denen seine Vorfahren gehört hatten.

Als Assistent von Mörsdorf hatte ich folgende Aufgaben zu erledigen: Mörsdorf war ein hervorragender Kenner der kirchlichen Rechtssprache und bestand unerbittlich auf einer einheitlichen Rechtssprache, wie sie ihm aus den juristischen Studien im deutschen Recht vertraut war. Er plante ein großes Werk zur Rechtssprache des Codex Iuris Canonici (1917). Zu diesem Zweck ließ er das Gesetzbuch nach Worten und Sinneinheiten verzetteln. Dies war die erste Arbeit, die er mir übertrug. Sie hat mich viel Zeit und Kraft gekostet. Dass sie durch die Neubearbeitung des Codex nach dem Zweiten Vatikanischen Konzil Makulatur wurde, war nicht vorauszusehen. Viele tausende Karteikarten harrten einem ungewissen Schicksal entgegen. Die zweite Aufgabe, die mir Mörsdorf stellte, war die genaue Durchsicht seines dreibändigen Werkes „Lehrbuch des Kirchenrechts auf Grund des Codex Iuris Canonici“ auf Fehler, Schwächen oder Unebenheiten. So fertigte ich ein mehrseitiges Manuskript an und hatte die Genugtuung, dass er manche von meinen Bemerkungen für der Beachtung würdig hielt. Eine weitere Obliegenheit, die mir übertragen wurde, war die Ergänzung des Bücherbestandes des Kanonistischen Instituts. In der Wissenschaft gibt es keinen Stillstand. Wenn sich auch der Fortschritt vorwiegend in Aufsätzen vollzieht, werden doch zusammenfassende Darstellungen nicht überflüssig. Mörsdorf ließ mir im Allgemeinen freie Hand bei der Anschaffung. Gelegentlich, wenn ich Bücher aus dem Bereich der deutschen Rechtswissenschaft erwerben wollte, erklärte er allerdings: „Das führt zu weit." Schließlich hatte ich Mörsdorf bei seinen wissenschaftlichen Vorhaben zu unterstützen.

Im Jahre 1956 schickte er mich nach Lissabon. Dort waren in die deutsche katholische Bruderschaft St. Bartholomäus, die seit dem 13. Jahrhundert bestand, Nichtkatholiken eingedrungen und Vermögenswerte entsprechend verwendet worden. Die katholischen Mitglieder und vor allem der deutsche Seelsorger Prälat Wurzer nahmen dies nicht hin und strengten einen Prozess vor dem zuständigen portugiesischen Verwaltungsgericht an. Sie suchten (über den für Auslandsbeziehungen zuständigen Prälaten Albert Büttner) Rechtshilfe in Deutschland. Die Gegenseite suchte ihre Position zu stützen durch ein Gutachten, das Ulrich Scheuner in Bonn erstellt hatte. Für die katholische Sicht sollte Mörsdorf ein Rechtsgutachten liefern. Er entsandte mich nach Portugal zur Sichtung des Materials und zur Erstellung eines Entwurfs für das gewünschte Gutachten. Dem ersten Gebot kam ich in einem mehrwöchigen Aufenthalt in Lissabon nach (wo ich einen Abstecher nach Fatima machte) und erfüllte das zweite Gebot nach meiner Rückkehr. Es entstand ein umfangreiches Gutachten. Der Prozess ging leider zu unseren Ungunsten aus. Mörsdorf machte dafür politische Gründe verantwortlich.

Während meines Aufenthaltes in Lissabon wurde ich mit einigen Angehörigen der dortigen katholischen Gemeinde bekannt. Sie waren mehrheitlich Geschäftsleute. Einer von ihnen gestand mir: „Ich war ein großer Nazi." Er erzählte von einem Besuch Roland Freislers in Portugal. Nach Bekanntwerden des Todes Hitlers hätten Gemeindemitglieder darauf bestanden, dass der Seelsorger Wurzer eine Requiemmesse für ihn hielt. Es ist bekannt, dass Auslandsdeutsche häufig kein ungetrübtes Bild von den Verhältnissen in ihrem Vaterland haben und zur Verklärung neigen.

Ein andermal war Mörsdorf mit einem Streit über die Verwaltung einer Stiftung in Bernkastel-Kues befasst. Er übertrug mir die Vorarbeiten und die Anfertigung eines Entwurfs. Das fertiggestellte Gutachten trug er in einer Sitzung der Münchener Akademie der Wissenschaften vor: „Die Scabini-Frage in der Stiftungsurkunde des St.-Nikolaus-Hospitals in Bernkastel-Kues: Sitzungsberichte der Bayerischen Akademie der Wissenschaften, Philosophisch-Historische Klasse, München 1958." Als im Jahre 1954 in Niedersachsen ein Schulgesetz in Kraft trat, dessen Vereinbarkeit mit dem Reichskonkordat die Kirche verneinte, rief die Bundesregierung das Bundesverfassungsgericht an. An dem Verfahren vor diesem Gericht nahm Mörsdorf als Gutachter teil. Während seiner Abwesenheit von München beauftragte er mich mit seiner Vertretung in den Vorlesungen. Dabei hielt ich mich an sein Lehrbuch. Mörsdorf war mit meiner Arbeit zufrieden. Meinem Freund, dem Berliner Priester Hans Rupprecht, erklärte er: „So viel arbeiten wie der May kann ich nicht."

3. Lizentiat, Habilitation, Privatdozentur

Nun bestand an der Theologischen Fakultät der Universität München die Bestimmung, dass niemand im Kirchenrecht habilitiert werden dürfe, der nicht das kanonistische Spezialstudium an dem (von Mörsdorf eingerichteten) Kanonistischen Institut zurückgelegt hatte. Diese Verpflichtung wurde auch für mich urgiert. Das hieß, ich sollte gleichzeitig mit der Arbeit an der Habilitationsschrift das Spezialstudium absolvieren. Die dreifache Belastung lag schwer auf mir: einmal der Dienst als Assistent, sodann das erneute Studium, schließlich die Arbeit an der genannten Schrift. Daneben beanspruchte die Fakultät meine Dienste. So hatte ich beispielsweise Aufsicht zu führen, als Elisabeth Gössmann und Uta Ranke-Heinemann ihre Aufsätze für die Doktorprüfung schrieben. Es war klar, dass ich diese Last nur mit äußerster Anstrengung und Konzentration bewältigen konnte.

Ein Bestandteil des Spezialstudiums waren Vorlesungen an der rechtswissenschaftlichen Fakultät. Davon fühlte ich mich lebhaft angesprochen. Namentlich Römisches Recht, Bürgerliches Recht, Strafrecht und Rechtsgeschichte fesselten mich. Gern hätte ich ein vollständiges juristisches Studium absolviert. Außerdem leistete ich den priesterlichen Dienst im Kinderheim St. Rupert für den dortigen Schwesternkonvent, war Beichtvater in der nahen Pfarrkirche St. Rupert und ließ mich bereitfinden, an Sonntagen in Pfarrkirchen der Erzdiözese München und Freising für die Diaspora zu predigen und zu sammeln, Letzteres in allen Gottesdiensten der jeweils besuchten Pfarrei, also z. B. in St. Margaret/München sieben Mal, in Mariahilf/München sechs Mal. Der Leiter der Diaspora-MIVA Georg Engl wurde mein Freund bis zu seinem Tod. Mit ihm fuhr ich an den Sonntagen an zahlreiche Orte der Münchener Erzdiözese. Das Spezialstudium war mit der Erarbeitung einer Lizentiatsschrift verknüpft. Die meinige trug den Titel „Die kirchliche Ehre als Voraussetzung zur Teilnahme an dem eucharistischen Mahle“. Das Studium am Kanonistischen Institut beendete ich mit der Prüfung im Sommersemester 1956. Sie trug mir den Titel eines Lizentiaten des Kanonischen Rechts ein.

Mörsdorf drängte auf die Fertigstellung der Habilitationsschrift: „Beeilen Sie sich; Freising wird frei.“ Der bisherige

Inhaber des Lehrstuhls für Kirchenrecht an der Philosophisch-Theologischen Hochschule zu Freising, Dominikus Lindner, trat in den Ruhestand. Mörsdorf trachtete danach, ihn mit einem seiner Schüler zu besetzen. Daher drängte er auf Eile. Im Sommersemester 1957 lieferte ich meine Habilitationsschrift ab. Sie trug den Titel „Die Infamie im Strafmittelsystem des CIC". Sie wurde angenommen und ist bis heute nicht gedruckt. Der einzige Grund dafür liegt in meiner Absicht, die systematisch im geltenden Recht (cc. 2293; 2294 CIC/1917) angesiedelte Erscheinung „Infamie" in der Geschichte zu verankern. Dafür lieferte ich eine beträchtliche Anzahl von Aufsätzen. Dass das Projekt nicht zu einem Abschluss kam, ist darin begründet, dass ich durch aktuelle Aufgaben, die zumeist mit der durch das Zweite Vatikanische Konzil ausgelösten Bewegung (oder Krise) in Zusammenhang standen (wie z. B. die Mischehenfrage), abgelenkt wurde. Das weitere Vorgehen war eine öffentliche Diskussion mit den Mitgliedern der Fakultät über den von mir zu haltenden Vortrag „Die kirchliche Ehre". Die Leistung wurde anerkannt und die Habilitation damit abgeschlossen.

Jetzt war der Staat gefragt. Der bayerische Kultusminister ernannte mich zum Privatdozenten. Als solcher stellte ich mich pflichtgemäß dem Rektor der Universität vor. Als Privatdozent hatte ich die Verpflichtung, in jedem Semester eine wenigstens einstündige Vorlesung zu halten. Für das Wintersemester 1957/1958 wählte ich das Thema „Das kirchliche Vereinsrecht", für das Sommersemester 1958 „Allgemeines Ordensrecht". Neben mir wirkten die beiden Privatdozenten Georg Schwaiger und Joseph Ratzinger. Sie entsandten mich in den losen Zusammenschluss der Privatdozenten der Universität München. Dort lernte ich u. a. den Rechtsgelehrten Friedrich Merzbacher und den Mediziner Theodor Hellbrügge kennen. Der Letztere charakterisierte unsere Verbindung mit den Worten: „Viel Lärm und wenig Einfluss."

Joseph Ratzinger (Zweiter von rechts)

Nun war ich Mitglied der Theologischen Fakultät der Universität München, freilich das jüngste und letzte. Das Verhältnis zu den Professoren war freundlich-distanziert. In Mörsdorf hatte ich einen Protektor. Das „Triumvirat" Pascher, Schmaus und Mörsdorf war mir wohlgesonnen. Dass im Kollegium der Professoren Spannungen bestanden, ließ sich nicht verheimlichen. Professor Pascher trank nicht umsonst auf „die Fakultät der starken Charaktere", als er im Dezember 1957 die Kollegen zu einer „Martinsgans" einlud.

XII.

Professor für Kirchenrecht

1. In Freising

Mörsdorf betrieb meine Ernennung zum Professor in Freising; ich selbst tat nichts dazu. Tatsächlich erging der Ruf des bayerischen Kultusministers Theodor Maunz an mich. Selbstverständlich nahm ich ihn an. Bereits im Wintersemester 1958/1959 hielt ich Vorlesungen in Freising. Der Münchener Erzbischof Joseph Wendel empfing mich zu einem kurzen Vorstellungsgespräch. Der jähe Tod dieses lauteren, sich verzehrenden Oberhirten hat mich tief getroffen.

Es gelang mir, in Freising eine geräumige Wohnung zu mieten. Im Oktober 1958 siedelten meine Eltern aus der DDR zu mir um. Fortan bestritten wir den Haushalt gemeinsam. Der Vater bekam ein Stück Erde, wo er seiner Neigung zum Gärtnern nachgehen konnte. Auch Angelegenheiten meiner Geschwister beschäftigten mich. Der Bruder war Lehrer am Gymnasium zu Tegernsee geworden, wo er zum Studiendirektor und stellvertretenden Anstaltsleiter aufstieg. Er hatte im Jahr 1951 geheiratet, und zwar eine gute Bekannte aus Reichenbach, Carmen Nauke, eine Nichte des Studienrates Georg Nauke. Der Ehe entsprossen drei Kinder, zwei Söhne und ein Mädchen. Als ich die beengten Wohnverhältnisse der Familie in Rottach-Egern sah, regte ich an, ein Haus zu bauen. Der Bruder ging darauf ein. Mit äußerster Beschränkung aller Bedürfnisse, strengster Sparsamkeit und unermüdlichem Fleiß (Nachhilfestunden) erwarben wir ein Grundstück und erbauten auch mit meiner finanziellen Unterstützung ein Einfamilienhaus in Schaftlach (Landkreis Miesbach). Wir legten auch selbst Hand an beim Roden der Wurzelstöcke des Grundstücks. Am Samstagnachmittag fuhr ich wiederholt nach Schaftlach. Meine Schwester blieb vorläufig in Riesa. Erst 1973 siedelte sie in den „Westen" über und wohnte mit der Mutter und mir in unserem Haus bis zu ihrer Krankheit, deretwegen sie in das Altenheim AZURIT in Gensingen einzog.

Prof. Dr. Josef Scharbert

Die Armen Schulschwestern, welche die Volksschule für Mädchen in Freising betreuten, baten mich, den täglichen Gottesdienst zu übernehmen, was ich gern zusagte. Die Freisinger Kollegen, zu denen damals noch Joseph Ratzinger zählte, nahmen mich freundschaftlich auf. Nach dem von der Mutter bereiteten Abendessen, zu dem ich sie als Einstand eingeladen hatte, erklärte mir Ratzinger: „Du hast uns gezeigt, wie man so etwas macht." Zu meinem Vorgänger Dominikus Lindner gewann ich ein gutes Verhältnis. Die seit dem Beginn des Pontifikats Johannes' XXIII. anhebende Unruhe in der Kirche beurteilten wir gleich. Der Alttestamentler Josef Scharbert kam auf mich zu und bot mir seine Freundschaft an; ich stimmte gern zu. Wir stammten beide aus einfachen Verhältnissen, waren beide Heimatvertriebene, wir hatten keine Sympathie für „progressive" Veränderungen in der Kirche, die damals begannen, Unsicherheit zu erregen. Joseph Ratzinger stand diesen Strömungen offener gegenüber. Einige Studenten stuften ihn, gewiss übertrieben, als „genialen Linkskatholiken" ein. Er verabschiedete sich bald aus Freising, weil er einen Ruf an die Katholisch-Theologische Fakultät in Bonn erhalten hatte. Aus der Ferne beobachtete ich seinen Lebensweg und seine Tätigkeit und traf ihn gelegentlich, z. B. in Tübingen und in Rom. Unsere Beziehung blieb stets ungetrübt.

Die Verhältnisse an der Freisinger Hochschule waren ohne Einschränkung erfreulich. Die Studenten, ausnahmslos Priesterkandidaten, waren willig und arbeitsam. Die räumliche Ausstattung war hinreichend, die Bibliotheksverhältnisse waren zufriedenstellend und angesichts der Nähe zu den Münchener Bibliotheken leicht ergänzungsfähig. Das Promotions- und das Habilitationsrecht blieb der Hochschule allerdings versagt. Man kann sagen, es war eine glückliche Zeit in Freising. Die Aufhebung der Hochschule in Freising unter dem Episkopat Julius Döpfners war schmerzlich, aber angesichts schrumpfender Zahlen von Priesterkandidaten kaum zu umgehen. Die meisten Professoren wechselten nach München.

2. In Mainz

Zu Beginn des Jahres 1960 erreichte mich die Einladung des Lehrstuhlinhabers für Kirchenrecht an der Katholisch-Theologischen Fakultät der Universität Mainz, Ludwig Link, zu einem Gastvortrag. Noch bevor ich ihn halten konnte, starb Link plötzlich und unerwartet. Nun fragte ich die Fakultät an, ob ich dennoch in Mainz erscheinen solle. Der Dekan, Ludwig Berg, bejahte die Frage lebhaft. So hielt ich, wohl im Februar 1960, in Mainz einen Vortrag über das Thema meiner Dissertation. Danach nahm mich der Dekan beiseite und fragte, ob ich einen Ruf auf den vakanten Lehrstuhl für Kirchenrecht in Mainz annehmen würde. Gern sagte ich zu. Es vergingen nur wenige Wochen, da erreichte mich die Berufung nach Mainz. Als ich das Schreiben meinem Lehrer Mörsdorf unterbreitete, kommentierte er es mit dem Satz: „Die Mainzer machen Nägel mit Köpfen."

Eine Zeitlang war ich dennoch unschlüssig, ob ich den Ruf annehmen sollte. In Freising war ich eingewurzelt, hatte gute Arbeitsmöglichkeiten, war in das Kollegengremium konfliktlos integriert. Die Eltern fühlten sich ebenfalls wohl in der schönen Stadt und ihrer reizvollen Umgebung. Sollte ich sie nach so kurzer Zeit wieder verpflanzen? Als ich Mörsdorf meine Überlegungen unterbreitete, sagte er ohne Umschweife: „Den Ruf müssen Sie annehmen. Sonst denkt man, Sie trauen es sich nicht zu, an einer Universität zu lehren." Folglich begab ich mich in das bayerische Kultusministerium zu dem zuständigen Ministerialrat Johannes von Elmenau und schilderte ihm meine Lage. Er versprach mir die Beförderung vom außerordentlichen zum ordentlichen Professor, wenn ich in Freising bliebe. Dann fragte er: „Was sagt Mörsdorf?" Als ich ihm dessen Meinung wiedergab, antwortete er: „Dann hat er einen anderen für Freising." Herr von Elmenau kannte Mörsdorf. Meine Eltern erhoben keinen Einwand, nach Mainz überzusiedeln. So nahm ich schließlich den Ruf an.

Bereits im Sommersemester 1960 begann ich die Lehrtätigkeit in Mainz. Provisorischen Aufenthalt erlangte ich im dortigen Priesterseminar. Der Umzug fand erst im Herbst statt, nachdem ich eine Wohnung gefunden hatte. Pflichtmäßig stellte ich mich dem Mainzer Bischof Stohr vor. Er unterhielt sich mit mir über die für den heimatvertriebenen Klerus eröffnete Philosophisch-Theologische Hochschule in Königstein, die er für überflüssig ansah. Darin konnte ich ihm nicht widersprechen und erklärte, ich hielte sie für ein totgeborenes Kind. Darauf antwortete er: „Es wird aber immer wieder durch Bluttransfusionen am Leben erhalten."

Bischof Albert Stohr (1935-1961)

Die Aufhebung der Königsteiner Anstalt im Jahre 1978 erlebte Stohr nicht mehr. In seiner noblen Art stattete er meinen Eltern einen Besuch ab. Stohr war ein echter Seelsorgebischof, gleichzeitig ein solider Theologe, ein vorzüglicher Prediger und ein wagemutiger Verwalter. Sein jäher Tod war ein schwerer Verlust für die Diözese.

XIII.

Kollegen

1. In der Anfangszeit

Die Mainzer Universität wurde nach dem Zweiten Weltkrieg 1946 von der französischen Besatzungsbehörde errichtet. Es war also Personal vom Professor bis zum Pedell zu gewinnen sowie Gebäude, Geräte und Bibliotheken zu beschaffen. Im Laufe der Jahre gelang es, eine Anstalt zu begründen, die es mit alteingesessenen Universitäten aufnehmen konnte. Es war ein Glücksfall, dass man auf die Professoren des Priesterseminars und zahlreiche Gelehrte aus dem deutschen Osten zurückgreifen konnte, die wussten, wie ein Universitätsbetrieb zu gestalten ist. Eine beträchtliche Zahl von ihnen habe ich noch kennengelernt. Gleichzeitig mit mir übernahm Adolf Adam einen Lehrstuhl, den für Pastoraltheologie, Liturgik und Kate-

Mit dem Kollegen
Prof. Dr. Adolf Adam (1980)

chetik. Er imponierte schon durch seine hochgewachsene Gestalt und war der drittletzte Rektor der Universität vor der Einführung des Präsidialsystems.

Die Kollegen, die ich in Mainz antraf, waren allesamt gläubige, fromme Priester und ernsthafte Gelehrte. Sie waren vornehm und brüderlich zugleich. Dass sich alle duzten, war vielleicht nicht klug, förderte aber das vertraute Verhältnis zueinander. Zum Namenstag besuchte man sich regelmäßig und tauschte Exemplare der jüngsten Publikationen aus. Die Kollegen standen fraglos hinter dem Glauben und der Disziplin der Kirche; sie waren eines Sinnes. Hier traf ich Friedrich Rotter wieder, den ich in Fulda als gediegenen Lehrer der Philosophie erlebt hatte. Er trug jetzt Fundamentaltheologie vor, menschlich bescheiden, aber mit hoher spekulativer Begabung.

Der bedeutendste Kollege war der Dogmatiker Bruno Decker, Priester der Diözese Berlin mit schlesischen Wurzeln. Er war ein vorbildlicher Priester, der auch als Professor noch seelsorglich tätig war, und ein international anerkannter Gelehrter. Decker arbeitete mit mittelalterlichen Handschriften, auch mit der „scriptura inintelligibilis" des heiligen Thomas von Aquin. Gegenüber dem zweiten Dogmatiker Rudolf Haubst vertrat er, gestützt auf Thomas, die Suffizienz der Heiligen Schrift. Die Kontroverse erschien mir als eine scheinbare; ich dachte mir, dass beide Recht hätten, weil sie von einem jeweils verschiedenen Begriff der Suffizienz ausgingen. Decker starb zu früh eines jähen Todes. Der zweite Dogmatiker (oder Propädeutiker) Rudolf Haubst war ein ebenso frommer Priester wie

Prof. Dr.
Bruno Decker

selbstständiger Gelehrter, großzügig und redegewandt. In theologischen Diskussionen brillierte er. Ein Großteil seiner Tätigkeit galt der Herausgabe der Werke des Nikolaus von Kues. Jahrelang focht er um Räume in der Universität für das Cusanus-Institut, bis er es, müde und erfolglos, nach Trier verlegte.

Der Moraltheologe Johannes Kraus trug eine kirchlich korrekte und scholastisch klare Moraltheologie vor. Er hatte den Mut, gegenüber Reuß die kirchliche Lehre über das Geschlechtsleben allen Anfeindungen zum Trotz zu vertreten. Der Sozialethiker Ludwig Berg war gekennzeichnet durch sein stetes Engagement im Studium generale, auf das in Mainz hoher Wert gelegt wurde. Bedauerlicherweise setzte ihm eine Krankheit schwer zu. Ludwig Berg hatte den Plan, mit mir zusammen eine Reihe „Schriften zu Ethik und Recht" herauszugeben. Als wir deswegen im Grünewald-Verlag vorsprachen, erhielten wir eine Abfuhr. Der Vorrang der Gesinnung bzw. Einstellung vor der Leistung begann sich abzuzeichnen.

Prof. Dr. Nikolaus Adler

Der Neutestamentler Nikolaus Adler hielt an dem fest, was er bei seinem Lehrer Max Meinertz in Münster gelernt hatte. Gewagte Thesen trug er nicht vor. Als ich Dekan war, stand er mir als Senator zur Seite. Er blieb dabei, vor dem Beginn der Vorlesung zu beten, wie es im Priesterseminar üblich gewesen war. Seine Lehrveranstaltungen fanden nicht die Zufriedenheit des Priesterseminarvorstehers Reuß. Er ließ im Seminar eine Art Ersatzvorlesung durch den Althistoriker Hans Ulrich Instinsky halten. Der Alttestamentler Heinrich

Schneider, weit entfernt mit mir verwandt, legte das Alte Testament praxisnah aus, ohne die Studenten mit hebräischen Texten, denen sie nicht gewachsen waren, zu behelligen. Er hatte immer die religiöse Unterweisung, die den künftigen Priestern und Religionslehrern obliegen würde, vor Augen. Wir standen uns bis zu seinem Tod nahe. Den Ruf an die Bonner Fakultät lehnte er ab. Der Historiker Ludwig Lenhart repräsentierte das Lokalkolorit von Mainz. Er war ein jovialer, fleißiger und Kontakte stiftender Gelehrter, leider zunehmend durch körperliche Beschwerden behindert. Er wäre gern Rektor der Universität geworden, hatte aber keine Aussicht, gewählt zu werden. Die Alumnen dichteten in der Fastnachtssitzung über ihn: „Du kannst nicht Häuptling sein, dein Herz ist viel zu klein."

Mit manchen Kollegen ergab sich eine wissenschaftliche Zusammenarbeit. Dies war vor allem der Fall mit dem

25-jähriges Priesterjubiläum mit Prälat Prof. Dr. Dr. Anton Philipp Brück (Mitte) vor Prof. Dr. Georg May und Priester Helmut Hinkel (hintere Reihe von links nach rechts)

Historiker Anton Philipp Brück. Er besaß eine umfassende Kenntnis der Geschichte des Mittelrheingebietes von der er freigebig mitteilte; ihn bat niemand vergebens um Auskunft. Eine dauerhafte Freundschaft und Arbeitsgemeinschaft verband mich mit dem Historiker der Mainzer Kirchengeschichte Friedhelm Jürgensmeier. Leider kam er an die Universität Osnabrück und konnte nicht für Mainz, sein eigentliches Forschungsgebiet, gewonnen werden. Gemeinsame Seminare mit Kollegen hielt ich nicht ab. Wäre die Fakultät so geblieben, wie ich sie antraf, hätte sie ein Bollwerk in der beginnenden Auflösung sein können.

Die Geschäfte des Dekans oblagen mir 1965/1966. Als das Jahr vorüber war, fragten die Kollegen, ob ich das Amt für ein weiteres Jahr übernehmen würde; ich verneinte. Die Verwaltungsarbeit sah ich als ein notwendiges Übel an, das ich so bald wie möglich hinter mich bringen wollte. Die wissenschaftliche Tätigkeit hatte den Vorrang. Mir folgte als Dekan Anton Philipp Brück. Es war unklug, dass ich anfangs die Verhältnisse an der Mainzer Universität mit denen in München verglich. Es war auch unangebracht und ungerecht. Die Mainzer Kollegen haben es mir jedoch nicht übelgenommen.

Ein Gegenspieler, vielleicht sogar ein Gegner der Fakultät, war Josef Reuß. Er vereinigte eine Reihe einflussreicher Ämter und Funktionen der Diözese in seiner Hand. Er war Regens des Priesterseminars, dort auch „Professor" für Pastoraltheologie, Offizialatsrat, Personalchef, Weihbischof, Domkapitular, Beichtvater und Publizist in Fragen der Ehe und namentlich der Empfängnisverhütung sowie Konzilsteilnehmer, schließlich Ehrendoktor der Mainzer Fakultät. Die Reserven, welche meine Kollegen, die ich 1960 antraf, gegenüber Reuß hatten, verstand ich erst später, als mir die beherrschende Stellung aufging, die er sich erworben hatte. Wären sie mir vorher bekannt gewesen, hätte ich nicht meinen Aufenthalt im Priesterseminar genommen, bevor ich eine Wohnung hatte; der Kollege Adler hatte mir wohlweislich davon abgeraten. Reuß konnte gefährlich werden. Meine Kritik an Bischöfen kommentierte er einem Besucher gegenüber mit dem Satz: „Der May hetzt gegen die Bischöfe." Verantwortungsvolle Kritik, aus der Not des Herzens erflossen, das die Selbstzerstörung der Kirche mit Schmerz sieht, ist keine Hetze.

2. In späterer Zeit

Die meisten Kollegen, die ich in Mainz antraf, waren bejahrt und mussten nach und nach ersetzt werden. Es ka-

Kollegen der Fakultät mit Rektor der Johannes Gutenberg-Universität Mainz, Prof. Dr. Manfred Harder, in Erwartung des Besuches von Papst Johannes Paul II. (1980)

men die Dogmatiker Johannes Betz, Friedrich Wetter, Karl Lehmann und Theodor Schneider; die Moraltheologen Josef

Ziegler und Johannes Reiter; die Neutestamentler Wilhelm Pesch, Ludger Schenke und Marius Reiser; die Alttestamentler Walter Groß, Bernhard Lang und Rudolf Mosis; die Historiker Suso und Isnard Frank, Anton Philipp Brück und Theofried Baumeister; die Fundamentaltheologen Joseph Schmitz und Armin Kreiner; der Liturgiker Hansjakob Becker; die Sozialethiker Lothar Roos und Arno Anzenbacher. Als die mit unterschiedlichen Aufgaben besetzte Professur Adams entflochten wurde, kamen für die Pastoraltheologie Heribert Gauly, Stephan Knobloch OFMCap und Michael Sievernich SJ, für die Religionspädagogik und Katechetik Günter Stachel und Werner Simon, während Adam die Liturgik behielt, in der er als „Spätzünder", wie er sich selbst nannte, eine Veröffentlichung (praktischer Art) nach der anderen auf den Markt warf.

Stachel kannte ich aus meiner Studienzeit in München. Er war damals ein keineswegs unbekanntes Phänomen. Von ihm lief das Diktum um: Stachel ist stachlig. Er stammte aus Sachsen und hatte das Theologiestudium begonnen mit der Absicht, Priester zu werden. Davon war er abgekommen und wechselte über in die Lehrerbildung. Es war einigermaßen erstaunlich, dass die Mehrheit der Mainzer Kollegen ihn an die erste Stelle einer Berufungsliste setzte, und ich fragte mich, ob es eine glückliche Entscheidung sei, jemanden für die Priesterbildung zu gewinnen, der selbst das Ziel des Priestertums aufgegeben hatte. Doch dieses Bedenken wurde hier und bald überall verworfen. Die „Entklerikalisierung" der theologischen Fakultäten schritt voran, in Mainz mit besonderer Geschwindigkeit, mit all den Folgen, die ich wiederholt den Verantwortlichen vorgehalten hatte, jedoch ohne Erfolg.

Der eine oder andere Kollege hatte Gefallen an der Verwaltungsarbeit und war wiederholt bereit, die Geschäfte des Dekans zu führen, wie Joseph Schmitz. Die beiden Kollegen

Wilhelm Pesch und Joseph Schmitz schieden später aus eigenem Entschluss vorzeitig aus dem aktiven Dienst an der Universität aus, um in der Seelsorge tätig zu werden, der Erstere in der Universitätsklinik, der Letztere in der Pfarrei Mainz-Marienborn. Zweimal musste ein Kollege wegen ernsten Verstoßes gegen die priesterlichen Pflichten die Fakultät verlassen, was eine schwere Hypothek gegenüber den anderen Fakultäten war und was die Besetzung von theologischen Lehrstühlen mit Laien mittelbar förderte (Arno Schilson und Dieter Zeller).

Löbliche Übungen kamen außer Gebrauch. Die Gewohnheit, sich an den Namenstagen zu besuchen, schlief mit den personellen Veränderungen in der Fakultät ein. Die Fakultät zerfiel als geistliche Einheit. Es stand eine progressive Mehrheit den wenigen nicht von der konziliaren Euphorie erfassten Kollegen gegenüber; sie steuerte die Geschäfte. Als die Reihe an Ziegler war, Dekan zu werden, lehnte die überwiegende Zahl der Kollegen es ab, ihn zu wählen wegen seiner Voreiligkeiten und Eigenmächtigkeiten, seines Geltungsdrangs und seines unkontrollierten Redens. Der stets vorsichtig formulierende Heinrich Schneider sprach von seiner „rüden Art“. Später wurde er doch gewählt, weil man ihn nicht völlig in die Isolierung treiben wollte. Ziegler hatte ohne Zweifel auch gute Seiten. Er besaß den Mut, unpopuläre Dinge auszusprechen.

Die Fakultät oder, besser, ihre Mehrheitsfraktion bewies meist keine glückliche Hand bei der Aufstellung der Berufungslisten. So setzte sie den nichthabilitierten Karl Lehmann, dessen Promotion noch nicht abgeschlossen war, an die erste Stelle der Liste für Dogmatik. Als ich einwandte, er werde kaum länger als zwei Jahre bleiben, erhielt ich zur Antwort: „Dann haben wir ihn zwei Jahre gehabt.“ Gelegentlich wurde ein Kollege sogar in einer Art Nacht-und-Nebel-Aktion des Dekans dem Ministerium präsentiert, ohne dass vorher das

Votum der Fakultät eingeholt worden wäre. Warm setzte ich mich für die Berufung Friedrich Wetters ein. Einmal war er ein solider Dogmatiker, zum anderen hoffte ich durch seinen Eintritt in die Fakultät die Attraktivität von Mainz für die aus der Diözese Speyer stammenden Priesterkandidaten zu erhöhen, denen auch Eichstätt und München als Studienorte zur Verfügung standen. Als ich 1994 emeritiert wurde, fing die nun üblich gewordene Bewerbung um den Lehrstuhl an. Die um Theodor Schneider versammelte Mehrheit war von vornherein eingenommen für die in Trier lehrende Frau Ilona Riedel-Spangenberger. Da auch der Kultusminister sie favorisierte, wie mir ein Beamter des Kultusministeriums andeutete, wurde sie meine Nachfolgerin. Nach ihrem frühen Tod (2007) kam Matthias Pulte an ihre Stelle.

Das geistige und theologische Bild der Fakultät wurde bunter. Von manchen Kollegen konnte man merkwürdige Ansichten hören. Einer bezeichnete mir gegenüber das verdienstvolle Lehrbuch der Kirchengeschichte von Bihlmeyer-Tüchle als „zu katholisch". Ein anderer erklärte mir, das Böse in der Welt könne auch ohne die „Annahme" des Teufels erklärt werden. Vor allem traten an die Stelle der priesterlichen Professoren immer mehr Laien; am Ende stand die fast vollständige „Entklerikalisierung" der Fakultät. Die Diskussionen und die Abstimmungen in der Fakultät wurden meistens von einigen Kollegen geführt und beherrscht, die zu allen Fragen sprachen und eigene Vorstellungen darüber hatten, welchen Kurs die Fakultät einschlagen sollte. Es waren vor allem Theodor Schneider und Ludger Schenke. Die „Richtung", in welche die personell veränderte Fakultät zielte, zeigte sich deutlich bei den Ehrenpromotionen, die sie mit Stimmenmehrheit vornahm. Es sei an jene von Josef Maria Reuß und Otto Hermann Pesch erinnert. Ich war der Einzige, der dagegen stimmte. Ein Kollege erklärte mir danach unter vier Augen, er sei ebenfalls dagegen gewesen, habe aber nicht den Mut gehabt, dies bei der Abgabe der Stimme zu dokumentieren. Einige der neu zu uns gestoßenen Kollegen waren mir aus theologischen oder, besser, ideologischen Gründen nicht wohlgesonnen. Sie widersprachen mir fast immer, wenn ich in der Fakultätssitzung etwas zu sagen wagte. Daraus zog ich die Folgerung, zu schweigen oder der Sitzung fernzubleiben.

Im Mittelbau, unter den akademischen Mitarbeitern, ragte Dr. Josef Dey hervor. Er war lange Jahre Lehrer für alte Sprachen an hessischen Gymnasien. Dem alttestamentlichen Kollegen Heinrich Schneider gelang es, ihn als Lehrer für Latein, Griechisch und Hebräisch an die Fakultät zu holen. Er war von Professoren wie Studenten in gleicher Weise geschätzt wegen seiner hohen wissenschaftlichen Kompetenz (die er durch mehrere anerkannte Veröffentlichungen nachgewiesen hatte) und seines aufgeschlossenen Umgangs mit den Studierenden. Sie nannten ihn gerne „Rabbi Dey". Er lebte mit seiner Schwester, die Studienrätin war, zusammen. Er lud meine Mutter und mich gelegentlich zu sich ein. Dey war auch in der Priesterschaft des Bistums Limburg fest verwurzelt. Als die Unruhe und die Zerstörung in der Kirche immer deutlicher wurden, schloss er sich dem Kreis von Priestern an, die zur Abwehr entschlossen waren.

Die Veränderungen im Lehrkörper der Fakultät wirkten sich aus in der Beschickung der Fakultät durch Alumnen. Die Diözese Speyer zog ihre Kandidaten zurück, die Oblaten verließen Mainz. Beide Vorgänge beeinträchtigten das Bild und die Tätigkeit der Fakultät in schwerwiegender Weise. Alle vom Staat mit der Kirche abgeschlossenen Verträge über die Aufgabe theologischer Fakultäten gehen davon aus, dass sie zuerst und zuoberst für die Ausbildung des Klerus bestimmt sind. Wenn die Zahl der studierenden Priesterkandidaten immer mehr zurückgeht oder gar aufhört, sind die Fakultäten in Frage gestellt.

Die Mainzer Universität verfügte über relativ beträchtliche Mittel für Gastvorlesungen. Man versprach sich von der Einladung fremder Gelehrter Belebung und Bereicherung. Wie die Kollegen machte auch ich von dieser Einrichtung Gebrauch und ließ Gelehrte wie Heinrich Flatten, Winfried Aymans, Joseph Listl, Friedrich Merzbacher und Rudolf Morsey kommen. Das Auftreten auswärtiger Kollegen war regelmäßig interessant. Dass es einen nennenswerten Effekt für die Ausbildung der Studierenden hatte, bezweifle ich. Der äußerst agile Josef Ziegler betrieb einen Vortragsaustausch von Professoren der Mainzer Katholisch-Theologischen Fakultät zuerst mit Professoren aus Spanien, danach aus Polen. Er wurde dafür mit hohen Ehrungen von deutscher und polnischer Seite bedacht. Der Gewinn aus diesen Unternehmen war fraglich. Schon die Einseitigkeit der Sprachkenntnisse schloss eine echte Gegenseitigkeit aus. Ich selbst lehnte es ab, in das zu Polen geschlagene Schlesien, meine Heimat, zu reisen. Wissenschaftliche Kongresse wurden in großer Zahl abgehalten. An einigen nahm ich teil, so an dem nachkonziliaren Kongress in Rom im Jahre 1966 sowie an mehreren Kongressen der Rechtshistoriker; in Mainz und in Pescara hielt ich dabei Vorträge. Auch in Pamplona nahm ich an einem kanonistischen Kongress teil. Er war für mich wegen mangelnder Sprachkenntnisse nicht ergiebig. Auf dem Rückweg hielt ich an und besuchte ausgiebig den Wallfahrtsort Lourdes.

Die Freiheit von Forschung und Lehre ist im Grundgesetz der Bundesrepublik Deutschland verankert (Art. 5, Abs. 3). Sie ist ein fundamentales Prinzip für die wissenschaftliche Tätigkeit an der Universität. Wer sie angreift, vergeht sich gegen den Geist der Wissenschaft. Derartige Angriffe mehrten sich in den sechziger Jahren des vorigen Jahrhunderts. Linke politische Kräfte wollten einen Codex dessen festlegen, was gesagt und geschrieben werden dürfe. Zu verbalen Äußerungen wie der Brandmarkung unbequemer Bemerkungen in der Lehre traten brachiale Attacken wie die Störung von Lehrveranstaltungen. Im Mittelpunkt der Bestrebungen stand das Organisationsrecht der Wissenschaft. Die linken Kräfte trachteten nach einer Marginalisierung der Ordinarien in den Fakultäten. Dagegen standen mutige Professoren auf und gründeten den Zusammenschluss „Freiheit der Wissenschaft". Ihm schloss ich mich gleich nach der Gründung an und blieb Mitglied bis zu seiner Selbstauflösung. Die Unterrichtsverwaltungen der Länder in der Bundesrepublik ließen sich von den Forderungen, der dadurch erzeugten Unruhe und den Auseinandersetzungen beeindrucken.

In der Universität trugen sich daher in den 1970er-Jahren schwerwiegende Änderungen der Struktur zu. 1976 wurde das Hochschulrahmengesetz verabschiedet. Die Bundesländer folgten mit ihren Gesetzen. Das Landesgesetz über die wissenschaftlichen Hochschulen in Rheinland-Pfalz wurde erlassen, als Bernhard Vogel (CDU) Kultusminister war. Die SPD kommentierte die Verabschiedung dieses Gesetzes mit der Bemerkung, ein so „linkes" Gesetz hätte sie der CDU nicht zugetraut. Die gesetzlichen Veränderungen waren tiefgehend. Lehrstühle als bisher kleinste Verwaltungseinheiten wurden abgeschafft. Die Fakultäten wurden durch Fachbereiche ersetzt. In der Selbstverwaltung der Universität erhielten die wissenschaftlichen Mitarbeiter (akademischer Mittelbau), die Studierenden und die nichtwissenschaftlichen Mitarbeiter Stimmrecht. In Angelegenheiten der Forschung, der Berufung, der Nachwuchsqualifikation und zum Teil der Lehre musste eine Mehrheit der Gruppe der Professoren zustimmen. Die so etablierte Gruppenuniversität war ein Bruch mit der Geschichte, aber auch mit der Idee der Universität. Das Prinzip, dass wissenschaftliche Fragen nur durch Personen entschieden werden dürfen, die den erforderlichen Sachverstand besitzen, wurde aufgegeben.

Die Universität verlor ihren Charakter als Gelehrtenrepublik. Auch die gleichzeitig einsetzende, beinahe ungemessene Vermehrung der Hochschulen und ihres Personals musste Bedenken hervorrufen. Als ich den Kollegen Morsey fragte, warum er von der Universität Würzburg an die Verwaltungshochschule Speyer übergewechselt sei, antwortete er: „Die deutsche Universität gibt es nicht mehr."

3. In anderen Fakultäten

Ein unschätzbarer Vorteil des deutschen staatlichen Universitätssystems ist die Anwesenheit theologischer Fakultäten. Dadurch werden ein Vergleich, ein Ansporn und ein Austausch der unterschiedlichen Fächer und Zweige der Wissenschaft ermöglicht. Die Begegnung mit den übrigen Fakultäten der Universität war mir stets ein dringendes Anliegen. Sie war organisatorisch gegeben durch die Versammlung der Dekane mit dem Rektor und durch die Gemeinsamkeit im Senat. Darüber hinaus war ich darauf bedacht, die Kollegen an andere Fakultäten heranzuführen. In meiner Dekanatszeit besuchten wir den Linearbeschleuniger und die Pathologie. In jedem Semester gab es ein Treffen mit den Kollegen der Evangelisch-Theologischen Fakultät. Bei einer dieser Zusammenkünfte durfte ich ein Referat über das deutsche System der Konkordate halten. Bei einer anderen Gelegenheit unterhielt mich der neben mir sitzende Neutestamentler Herbert Braun mit Anekdoten und Witzen aus der Zeit des Kulturkampfes.

Bei verschiedenen Gelegenheiten ergaben sich Gespräche und entstanden Verbindungen mit Kollegen anderer Fakultäten. Eine nähere Beziehung hatte ich zu dem Dermatologen Günter Kortig, einem Landsmann, und dem Arbeitsrechtler Wilhelm Scheuerle, einem Nürnberger, zu den Historikern Alois Gerlich, Claus Peter Hartmann, Josef Menzel und Konrad Fuchs sowie zu den Musikwissenschaftlern Arnold Schmitz und Hubert Unverricht, zu dem Politikwissenschaftler Hans Buchheim und den Philosophen Karl Holzamer und Josef Stallmach sowie zu dem Osteuropafachmann Gotthold Rhode. Der Historiker Ludwig Petry lud mich zu einem Vortrag in seinem Seminar über das Thema „Nationalsozialismus und Kirche" ein. Mit dem Zahnmediziner Heinz Marx bestanden Gemeinsamkeiten auf mehreren Ebenen: Er stammte aus der Grafschaft Glatz, war Soldat gewesen und stand Auflösungserscheinungen in Staat und Kirche ablehnend gegenüber. Wiederholt beanspruchte ich Kollegen der medizinischen Fakultät als Patient (Kümmerle, Matzker). Einigen Kollegen konnte ich als Beichtvater dienen. Den Historiker Alfons Becker durfte ich versehen.

Rektor Leicher (vordere Reihe Mitte), 1966
Georg May (2. Reihe links)

Die Reserven von Kollegen anderer Fakultäten gegenüber den (katholischen) Theologen waren manchmal zu spüren.

Als ich zu Beginn meines Dekanats dem Rektor Leicher meinen Antrittsbesuch machte, empfahl er mir, im Senat zurückhaltend zu sein. Den Rat befolgte ich gern, denn ich habe nie zu den Kollegen gehört, die sich für alles zuständig halten und zu jedem Tagesordnungspunkt sprechen. Als Dekan hatte ich die Berufungsliste für den fundamentaltheologischen Lehrstuhl vor dem Senat zu vertreten. Der Vorgang ging konfliktlos über die Bühne. Die rechtswissenschaftliche und die philosophische Fakultät ersuchten mich in nicht wenigen Fällen als Gutachter um Teilnahme an Promotionen und Habilitationen (z.B. Winfried Trusen, Johannes zu Eltz). In den Kommissionen für den deutschen Osten und für das Rhein-Main-Gebiet (Arbeitskreis „Reichserzkanzler“) war ich Mitglied. Die Wahl des Rektors war manchmal mit einer gewissen Spannung erfüllt. Nicht immer wurde der turnusmäßige Wechsel eingehalten oder der Fakultätsvorschlag akzeptiert. In meiner Zeit als Dekan waren Rektor der Mediziner Hans Leicher und der Philosoph Gerhard Funke. Leicher war der letzte Rektor, der an der Mainzer Fronleichnamsprozession teilnahm. Funke beobachtete die beiden Konfessionen genau. Eines Tages erklärte er mir: „Die evangelische Kirche (der er selbst angehörte) sollte man zumachen. Aber dass das jetzt bei Ihnen auch so ist?“ Er meinte damit die herkömmlichen (im Protestantismus) und die beginnenden (in der katholischen Kirche) Auflösungserscheinungen.

In den Jahrzehnten meiner aktiven Lehrtätigkeit erlebte ich fast fortwährend „Studienreformen“. Sie betrafen auch die theologischen Fakultäten. Am Anfang wurden zufällig drei Schlesier mit einer Stellungnahme beauftragt: Schnackenburg, Scheffczyk und May. Wir wurden uns schnell einig, aber unsere Äußerung verschwand alsbald aus der Diskussion. Die Entwicklung schlug andere Wege ein, als wir für gut hielten. Die klassischen Fächer, darunter vor allem das Kirchenrecht, verloren Stunden, die praktischen Fächer wie Liturgik, Pastoraltheologie, Religionspädagogik und Katechetik erhielten Stunden; gegen das Studium der Philosophie hatten die „Reformer“ eine unüberwindliche Aversion. Dagegen hielt ich die Kenntnis der zeitgenössischen Philosophie, aber auch der Philosophie der Vorzeit für unerlässlich. Die Philosophia perennis ist schlechthin nicht zu entbehren, wenn immer man um vernunftgemäßes Verstehen der Glaubenswahrheiten bemüht ist. Soweit es mir möglich war, beobachtete ich die gesamte Theologie. Als Kirchenrechtler hielt ich es für geboten, engen Kontakt mit der Dogmatik zu halten – ist doch die Glaubenswahrheit gleichzeitig Glaubensgesetz. Das dreibändige Werk Joseph Pohles schien mir ein verlässlicher Führer zu sein. Besonders angezogen hat mich immer die natürliche Theologie, also die Erkenntnis des Schöpfers aus den Werken der Schöpfung. Ich war (und bin) überzeugt, dass man den Menschen den übernatürlichen Glauben erleichtert, wenn man sie durch die Gottesbeweise der Vernunft (an deren Möglichkeit ich immer festgehalten habe) vorbereitet. Mein ganzes Leben war ich bestrebt zu lernen, dazuzulernen, das Wissen zu vertiefen und zu erweitern, und zwar möglichst auf allen Gebieten. Seit der Schulzeit hatte ich eine tiefe Zuneigung zu den Naturwissenschaften, vor allem zur Physik, und bedauere sehr, dass ich in sie nicht gründlich genug eingestiegen bin.

Mainz hat eine Universitätskirche und einen Universitätspfarrer. Die Katholisch-Theologische Fakultät wurde zum Dienst an den Universitätsangehörigen nicht herangezogen. Die Seelsorge an den Universitätsangehörigen hätte nach einem Priester wie Otto Kuß in Breslau verlangt, aber ein solcher war nicht vorhanden. Zum Beichtstuhl der Universitätskirche St. Albertus besaß ich einen Schlüssel für den nicht seltenen Fall, dass mein Dienst begehrt wurde.

XIV.

Studenten

Es war mir bewusst, welch ein wertvolles Gut mir mit den Studierenden anvertraut war. Die Notwendigkeit, ihnen mit dem Wissen den Glauben zu vermitteln, ihn zu erhalten und aufzubauen, war mir stets gegenwärtig. Die Gefahren, denen sie ausgesetzt waren, standen mir lebhaft vor Augen. Die Studierenden kamen zum großen Teil nicht mehr aus gläubig-frommen, kinderreichen Familien, sondern waren in einer gleichgültigen oder lauen Umgebung aufgewachsen. Es fehlte ihnen das Fundament, das eine frühe religiöse Erziehung legt, die feste Verankerung im Glauben, im Gebet, in der sittlichen Bewährung. Die Festigkeit im geistlichen Amt ließ immer mehr nach. Es gab Fälle, in denen Priester kurze Zeit nach ihrer Weihe ihren Beruf aufgaben. Das tägliche Gebet für die Studenten, vor allem für die Priesteramtskandidaten, war mir eine selbstverständliche und liebe Pflicht. Mehrere Studenten, die von auswärts zu den Freisemestern nach Mainz kamen, versicherten mir, sie seien hauptsächlich meinetwegen an die Johannes-Gutenberg-Universität gegangen.

Die Mainzer Studenten, die zumeist aus Rheinland-Pfalz und Hessen stammten, waren anders geartet als die Studenten in Freising. Ihre Lebensart war leichter. Die mit der Ankündigung des Konzils verknüpften Erwartungen und Wünsche verstärkten diesen Zug. Es schien mir dringend notwendig, ihnen den Ernst und die Verantwortung des Christentums und des Priestertums für das Heil der Welt nahezubringen. Das Kirchenrecht bietet viele Gelegenheiten, auf die Hörer und Hörerinnen geistlich einzuwirken. Als eine auf die Praxis ausgerichtete Wissenschaft vermag es dem religiösen Leben und dem sittlichen Wandel mannigfache Anleitungen und Impulse zu vermitteln. Das pädagogische und das paränetische Element des Lehrens stand mir stets lebhaft vor Augen. Eindringlich riet ich den Studierenden, es nicht bei der geistigen Beschäftigung bewenden zu lassen, sondern sich auch körperlich zu betätigen. Dabei dachte ich zuvorderst an Gartenarbeit. Wenn diese nicht möglich sein sollte, dann empfahl ich sportliche Aktivität. Diesen Ratschlag befolgte ich selbst. Nach Möglichkeit habe ich mich stets um körperlichen Ausgleich bemüht. Auf dem Sterbebett fragte der Vater besorgt: „Was wird bloß aus meinem Garten werden?“ Dieses Wort habe ich als Verpflichtung angesehen, die Betreuung des Gartens seit 1971 zu übernehmen. Die anfallenden Früchte schenkte ich meinen Nachbarn.

Unter den Studenten ragten damals gewöhnlich die angehenden Ordensleute und die Angehörigen anderer Verbände an Pflichtbewusstsein und Eifer hervor. So denke ich mit dankbarer Freude an die Oblaten und die Schönstätter Marienschwestern zurück, die bei uns studiert haben. Die Studierenden, die das Lehramt an höheren Schulen anstrebten, waren in der Mehrzahl religiös fundiert und nahmen das Studium der Theologie ernst. Besonders erfreulich waren Kandidaten, die Theologie und Mathematik verbanden. Die weiblichen Studierenden, die ich erlebte, waren fast ohne Ausnahme strebsame, kirchlich gesinnte und religiöse Personen. Dass sie den Priesterstudenten „gefährlich“ wurden, habe ich nicht erfahren. Manche Studierenden blieben auch nach Abschluss des Studiums mit mir in brieflicher oder persönlicher Verbindung. Für leichtere Arbeiten an meinem Lehrstuhl stand mir regelmäßig eine studentische Hilfskraft, die besoldet wurde, zur Verfügung. Der Student oder die Studentin leistete mir hilfreiche Dienste. Dankbar gedenke ich ihrer.

Doktoranden hatte ich nur wenige. Frau Dr. Egler führte dies auf die von mir gestellten Anforderungen zurück. Es gab aber auch andere Gründe dafür. Wer Kirchenrecht studierte, um danach eine Stelle zu besetzen, für die das kanonistische Spezialstudium Voraussetzung war, ging in der Regel nach Rom (z.B. Peter Hilger) oder an das Kanonistische Institut in München. Gelegentlich besuchten Studenten der Rechtswissenschaft meine Vorlesungen und Seminare. Es kam vor, dass ein angehender Rechtsanwalt den gesamten viersemestrigen Zyklus des Kirchenrechts absolvierte. Die Priesteramtskandidaten legten eine kirchliche Schlussprüfung ab. Die Lehramtskandidaten hatten die Universitätsprüfung zu bestehen. Dabei hatte ich neben Kirchenrecht auch Liturgik und Religionspädagogik zu prüfen. Der Kollege Stachel erklärte mich für unfähig dazu. Er selbst hielt sich für kompetent, das Kirchenrecht zu prüfen. Mit dem Lern- und Studiereifer der Studenten war ich häufig nicht zufrieden. Als ich einmal einen Studenten fragte, weshalb er so selten die Vorlesungen außerhalb meines Faches besuche, antwortete er, die Lust sei ihm vergangen bei dem vielen Falschen, was man höre. Dieser Student wurde ein guter Priester, der heute noch im Dienst seiner Diözese Speyer steht.

Allmählich machte sich in der Studentenschaft Widerstand gegen manche Positionen des Kirchenrechts (und der Moraltheologie) bemerkbar. Der Kollege Adolf Knauber in Freiburg empfahl mir, bei kontroversen Gegenständen so zu verfahren, wie er es tue: richtige Lehre und irrige Abweichungen nebeneinanderzustellen und den Studierenden die Entscheidung über Annahme oder Ablehnung zu überlassen. Diese Praxis schien mir unannehmbar. Denn ich war überzeugt, dass ich eine richtige und verbindliche Lehre zu vertreten hatte, neben der abweichende Meinungen nicht bestehen können, und dies hatte ich zum Ausdruck zu bringen. Die Studenten respektierten mich. Über den Besuch der Vorlesungen und die Teilnahme an Seminaren und Übungen hatte ich nicht zu klagen. Es war mir daran gelegen, sie im rechten Verständnis des kirchlichen Rechts zu unterweisen und gleichzeitig ihre Anhänglichkeit an Glaube und Kirche zu stärken. Dass dabei auch persönliche Ansichten einflossen und Fehler vorkamen, gebe ich freimütig zu. Der letzte Student, den ich prüfte, ein Lehramtskandidat, bedankte sich bei mir warmherzig für meine Lehre, doch habe er nicht alles akzeptieren können. Selbst war ich am wenigsten davon überzeugt, alles richtig gemacht zu haben, und habe mich niemals für das Ideal eines Professors, eines Lehrers, eines Priesters und Priestererziehers gehalten, vielmehr unter meinem Ungenügen gelitten.

Vor großen Feiertagen und am Ende des Semesters hielt ich zur Einstimmung bzw. zum Abschluss regelmäßig einen etwa zehnminütigen religiös-aszetischen Vortrag. Er war immer gut besucht, gelegentlich auch von Kommilitonen anderer Fakultäten. Mitunter traf ich auf offenen Widerstand. Meine grundsätzlich auf Bewahren eingestellte Haltung und die konzessionslose Ablehnung des „Progressismus" und des „Linkskatholizismus" wurden mir von einigen Studenten übelgenommen. 1968 spießten mich zwei oder drei Radikale, bei denen ich mich fragte, was sie in die Theologische Fakultät geführt hatte, in einer Wandzeitung auf. Zu einem von ihnen sagte der Kollege Ziegler: „Den Glauben kann ich dir nicht geben." Es war eine traurige Erfahrung, dass meine „progressiven" Gegner unter den Studenten das Ziel, Priester zu werden, aufgaben oder sich nach der Weihe aus dem Priesterstand lösten.

Meine besondere Aufmerksamkeit galt den Priesteramtskandidaten. Es war mein Bemühen, sie intensiv für ihren angestrebten Stand, ihre priesterliche Würde und ihren seel-

Predigt bei der Primiz von Martin Weber in Alsenborn/Rheinland-Pfalz (1989)

sorgerischen Dienst zu bilden. Zeugnis dieses Bemühens sind die vielen Einladungen, ihnen die Predigt zu ihrer Primiz zu halten. Einer meiner Schüler hat einige dieser Predigten gesammelt und in einer Schrift herausgegeben, die er mir zum 65. Geburtstag überreichte. Dem einen oder anderen konnte ich auch die Festpredigt zum Silbernen Priesterjubiläum halten. In das Priesterseminar kam ich selten. In meiner ganzen jahrzehntelangen Tätigkeit als Priesterbildner in Mainz wurde ich ein einziges Mal ersucht, eine Heilige Messe mit den Alumnen zu feiern. Der 8. Dezember war der Seminarfesttag. So manches Mal war ich überrascht, wer dazu als Redner eingeladen wurde (z. B. Kurt Flasch).

Die von Reuß betriebene Weise der Priestererziehung betrachtete ich mit Skepsis. Wegen seiner vielfältigen Aktivitäten war er häufig und lange vom Priesterseminar abwesend und mit manchen seiner Ansichten konnte er meines Erachtens nicht prägend auf die Kandidaten einwirken. Karl Lehmann, der eine Zeitlang im Seminargebäude wohnte, war allerdings anderer Ansicht. Mit der Disziplin, die ich im Mainzer Priesterseminar beobachtete, war ich nicht einverstanden. Sie schien mir nicht streng genug, vielmehr löcherig. Dass Seminaristen zum Mittagessen ins Gasthaus gingen, wenn ihnen das Essen im Seminar nicht schmackhaft oder nicht bekömmlich schien, hielt ich für unzulässig. Auch das abendliche Fernsehen mit der Bierflasche in der Hand fand ich nicht angemessen für ein Haus der Priesterbildung. An den Fastnachtssitzungen im Priesterseminar nahm ich – trotz innerlichen Widerstrebens – teil, zweimal auch mit einem eigenen Beitrag. Vom Mainzer Fastnachtstreiben hielt ich nicht viel. Es war mir bewusst: Mit dem Priestertum steht und fällt die Kirche. Der heute festzustellende beinahe völlige Ausfall von Priesteramtskandidaten läutet das Ende der katholischen Kirche in Deutschland ein.

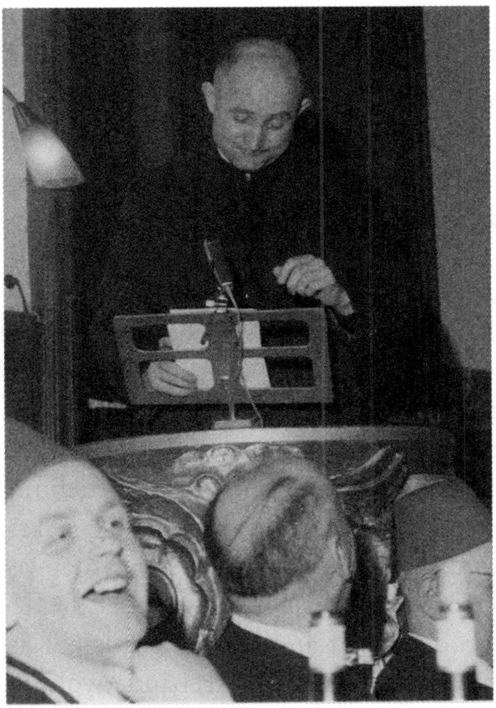

Vortrag bei der Fastnacht im Priesterseminar Mainz

XV.

Der Fakultätentag

Der Fakultätentag war ein loser Zusammenschluss der Katholisch-Theologischen Universitätsfakultäten zu gegenseitigem Austausch, zur Beratung gemeinsamer Gegenstände und zur Beschlussfassung, wenn ihr Votum (z. B. bei der beinahe unablässigen Studienreform) eingefordert wurde. Er wurde in lockerer Form von einem Vertreter der im Turnus wechselnden Fakultäten für drei Jahre geleitet. Als die Mainzer Universität an der Reihe war, den Vorsitz im Fakultätentag zu übernehmen, übertrugen die Kollegen diese Aufgabe mir. Ungern ließ ich mich bewegen, diese zu übernehmen, denn sie brachte Zeitaufwand und Briefwechsel mit sich. Aber einer musste sie eben auf sich nehmen. Zu den jährlichen Sitzungen begleitete mich mein Freund Pater Anton Bodem SDB, der das Stenographieren vorzüglich beherrschte, was für die Protokollierung der Verhandlungen hilfreich war. Als ein besonders rühriges Mitglied des Gremiums ist mir der Bonner Alttestamentler Botterweck in Erinnerung.

Pater Anton Bodem

Die Gegenstände, die dabei behandelt wurden, waren Fragen der Organisation und der Funktion der Fakultäten, des Studiums und der Prüfungen, des Promotions- und Habilitationsrechtes. In den drei Jahren, in denen ich dem katholisch-theologischen Fakultätentag vorstand, ging mir auf, wie einzelne agile Professoren und Universitäts- bzw. Ministerialbeamte ein Netzwerk spannten, um ihre Vorstellungen über das Verhältnis von Lehrenden und Lernenden durchzusetzen. Als ich ein (eigenes) Votum gegen die Laienhabilitation an katholisch-theologischen Fakultäten vorlegte, erhob sich ein Sturm. Die Laisierung der Fakultäten, das heißt, die Zurückdrängung der Priester, war bei den „fortschrittlichen" Professoren und Bischöfen kein Thema, das sie aufbrachte. Gelegentlich tagten die Vertreter der Universitätsfakultäten gemeinsam mit den Abgesandten der kirchlichen Hochschulen. Da ich frei war von Dünkel oder Überheblichkeit gegenüber den Angehörigen der nichtuniversitären Hochschuleinrichtungen, begegnete ich ihnen mit gleichem Respekt. Der Fuldaer Kanonist Ludwig Schick bescheinigte mir, dass ich nicht wie andere Universitätsprofessoren auf die Kollegen der kirchlichen Hochschulen geringschätzig herabschaute, sondern mit ihnen völlig gleichrangig verkehrte.

XVI.

Die Lehrveranstaltungen

Ein Professor dient den Studierenden vorzüglich durch seine Lehrveranstaltungen. Sie bestanden aus Vorlesungen, Seminaren und Übungen. Es ist ein verbreitetes Vorurteil, dass man die Vorlesungen nicht zu besuchen brauche, weil es ja Lehrbücher gibt. Der lebendige Austausch, der in der Vorlesung stattfindet, ist viel eindringlicher als die bloße Lektüre. Der Stoff wird durch Anwendungen und Beispiele sowie durch die Darstellung von Kontroversen erheblich tiefer aufgearbeitet. Den Studierenden gab ich die Freiheit, Fragen zu stellen, und sie wurde benutzt. In den (schriftlich vorbereiteten) Vorlesungen versuchte ich das gesamte Spektrum des Kirchenrechts, wie es im CIC enthalten ist, abzuarbeiten. Also hielt ich Vorlesungen auch über das Prozess- und Strafrecht und mit besonderer Vorliebe über die heiligen Orte und die heiligen Zeiten. Darüber hinaus ging ich ausführlich auf das Staatskirchenrecht ein. So wichtige Gegenstände wie das kirchliche Vermögensrecht und das Recht der Kirchengliedschaft können nur mit Blick auf die staatliche Rechtsordnung dargestellt werden.

Da das dem Fach Kirchenrecht zugewiesene Stundendeputat dafür nicht ausreichte, bot ich zusätzliche Vorlesungen an. Niemals musste eine nicht pflichtmäßig zu hörende Vorlesung aus Mangel an Hörern ausfallen. Gewöhnlich holte ich weit aus. Da ich mir nicht immer sicher war, dass die exegetischen und dogmatischen Grundlagen der Bestimmungen des kanonischen Rechts zuverlässig gelegt worden waren, suchte ich dies nachzuholen, allerdings nicht zur Freude der

Kollegen anderer Fächer. Es war mein stetes Bemühen, den Studierenden aus Glaube und Recht Anleitung und Hilfe zur Bewältigung eines christlichen Lebens zu bieten. Das Recht der Lehre und der Sakramente bietet ja vielfältige Anregungen für solche Hinweise. Den Studierenden, die das Priestertum anstrebten, schärfte ich die strikte Einhaltung der kirchlichen Bestimmungen für Lebenshaltung und Wirken ein. Eindringlich ermahnte ich sie zu regelmäßiger Beichte und täglicher Zelebration der Messe. Es war mir eine Freude zu beobachten, dass der Samen bei nicht wenigen auf guten Boden gefallen war.

Die Seminare sollten die Studierenden in die Methode des Kirchenrechts einführen, also z. B. die Rangordnung von Normen und die Auslegung von Texten lehren. Die Seminare betrachtete ich sodann als Gelegenheit, Gegenstände, die in den Vorlesungen nur sporadisch angesprochen wurden, zu vertiefen. Dies galt z. B. für die Sakramente, namentlich das Priestertum und die Eucharistie sowie für das Staatskirchenrecht. In den Seminaren behandelte ich auch rechtshistorische Themen wie den Prozess der Jeanne d'Arc und den Prozess des Thomas Morus. Einmal besuchte ich mit meinen Seminarteilnehmern die Apostolische Nuntiatur in Bad Godesberg, wo wir vom Apostolischen Nuntius Corrado Bafile freundlich aufgenommen wurden. Vom antirömischen Affekt war ich frei.

In den Übungen war der Bezug zur Praxis stärker als in den Seminaren. Studieninhalte sollten angewandt werden. In den Übungen standen Gegenstände des Eherechts im Vordergrund. An erster Stelle waren es die Entscheidungen der römische Rota, die ich den Studierenden zumutete. Es wurde jedoch zunehmend schwerer, sie mit den lateinischen Texten zu befassen. Später war ich in der Lage, originale Entscheidungen deutscher Offizialate zu Ehefragen vorzulegen und didaktisch auszuwerten. Gern wählte ich rechtliche

Fragen der Seelsorge als Gegenstand der Übungen. Das Kirchenrecht ist nun einmal der Praxis des kirchlichen Lebens nahe. Es war mir daran gelegen, die kommenden Priester mit einer rechtlich geordneten Seelsorge vertraut zu machen. Gelegentlich lud ich einen Praktiker zu einer Übung ein, wie beispielsweise den Pfarrer Christian Siepchen von der Pfarrei St. Joseph in Mainz zum Thema der Hausbesuche, die er in außerordentlichem Maße pflegte.

Die Vorlesungen, Seminare und Übungen waren regelmäßig gut besucht. Am Ende der Seminare und Übungen lud ich die Studenten (wie ich es bei Mörsdorf gelernt hatte) zu einer „Sessio solemnis“ ein. Zuerst besuchten wir regelmäßig einen geistlichen Ort, eine Kirche oder ein Kloster (z. B. Eibingen). Danach hielt ich die Teilnehmer in einem Weinlokal, gewöhnlich im Rheingau, frei. Auch meine Mitarbeiterin Frau Dr. Anna Egler hielt Seminare und Übungen ab. Großer Beliebtheit erfreute sich ihre Vorstellung der römischen Kurie. Frau Egler bot viele Jahre lang in der Fakultät wie im Studium generale auch die Einführung in das wissenschaftliche Arbeiten an, eine äußerst nützliche, ja unentbehrliche Voraussetzung für ein gedeihliches Studium.

Mit Dr. Anna Egler (1986)

Im Studium generale, dem damals in Mainz große Aufmerksamkeit geschenkt wurde, durfte ich einen Vortrag über die Kontinuität im kanonischen Recht halten. Von daher datiert meine Bekanntschaft mit dem Juristen Peter

Schneider, der lange Zeit Präsident der Universität war. Jeweils nach acht Semestern durfte ein Professor den Antrag auf ein „Freisemester“ einreichen, in dem er von den Lehrverpflichtungen freigestellt wurde, um sich allein auf ein Forschungsvorhaben zu konzentrieren. Allerdings hatte er dafür Sorge zu tragen, dass die notwendigen Lehrveranstaltungen abgehalten wurden. Von der Möglichkeit machte ich wiederholt Gebrauch. Zur Vertretung konnte ich Frau Professor Inge Gampl (Wien) und Dr. Karl Braunstein in Königstein gewinnen. Einmal übernahmen Domkapitular Dr. Peter Hilger und Dr. Anna Egler die Lehrveranstaltungen.

Mit Prof. Dr. Inge Gampl

XVII.

Berufungen

Gott schenkte mir die Gabe, überall, wohin seine oder der Menschen Wege mich führten, zufrieden zu sein. Das schloss nicht aus, dass ich bereit war, eine Stelle zu verlassen, um eine andere zu übernehmen. Aber ich strebte nicht weg. Der Professor einer deutschen Universität ist nicht so fest an einen ihm übertragenen Lehrstuhl gebunden, dass er ihn nicht aufgeben und an eine andere Universität wechseln dürfte. Die Möglichkeit zur Veränderung trat auch mehrfach an mich heran, wohlgemerkt ohne mein Zutun. Die im Folgenden erwähnten ergangenen, abgelehnten oder vereitelten Berufungen geschahen zu einer Zeit, als die Bewerbung um Lehrstühle noch nicht eingeführt war.

1. Tübingen, Bochum, Regensburg

Als 1963 Heinrich Flatten von Tübingen nach Bonn wechselte, wurde dort der Lehrstuhl des Kirchenrechts frei. Im Vorfeld der Neubesetzung wurde auch mein Name genannt. Der Schweizer Theologe Hans Küng verhinderte meine etwa beabsichtigte Aufnahme in die Berufungsliste, indem er mit einer ihm missliebigen Leserzuschrift aus meiner Hand gegen mich Stimmung in der Fakultät machte. Den Lehrstuhl erhielt Johannes Neumann, der ihn allerdings nach seiner Apostasie verlor.

Die Ruhr-Universität Bochum wurde 1961 gegründet und 1965 eröffnet. Es erging ein Ruf an mich auf den Kirchenrechtslehrstuhl in der Katholisch-Theologischen Fakultät. Die Aussicht, an einer neuen Universität mit neuen Einrichtungen zu lehren, war gewinnend. Unter anderem wurde mir eine Option auf eine enge Beziehung zur Rechtswissenschaftlichen Fakultät angeboten, was mir sympathisch war. Die Mainzer Kultusverwaltung konterte mit der Bewilligung zweier Stellen bei meinem Lehrstuhl: einem Akademischen Rat (anstelle eines Assistenten) und einer Verwaltungsangestellten. Bisher hatte ich keine staatlich angestellten Mitarbeiter gehabt. Dieses Angebot gab den Ausschlag, den Ruf nach Bochum abzulehnen. Die Studenten suchten mit einem Fackelzug vor meiner Wohnung Einfluss auf meine Entscheidung zu nehmen und mein Verbleiben in Mainz zu erreichen.

Fackelzug der Studenten (1965)

Die Stelle des Akademischen Rates besetzte ich provisorisch mit dem Salesianerpater Anton Bodem, der an der Mainzer Theologischen Fakultät mit einer Promotion in Dogmatik befasst war. Er wurde mir ein guter Freund, der mir nach der Promotion versicherte, ohne meine Ermutigung wäre er nicht zu dem Ziel gelangt. Die endgültige Besetzung des Postens erfolgte mit Anna Egler, nachdem sie 1971 ihre Promotion abgeschlossen hatte. Frau Egler war mir von Wolfgang Nastainczyk, dem Assistenten am Lehrstuhl für Liturgik etc. und Betreuer der Laientheologen, als studentische Hilfskraft empfohlen worden. Ich lernte sie als zuverlässige und intelligente Mitarbeiterin kennen. Sie studierte für das Lehrfach Germanistik, Theologie und Geschichte und promovierte nach ihrem Staatsexamen in der Philosophischen Fakultät. Frau Dr. Egler war mir in den folgenden Jahrzehnten bis zu meiner Emeritierung eine gewissenhafte, pflichttreue und beharrliche Mitarbeiterin. Sie arbeitete sich in das Kirchenrecht ein und konnte eigenständig Lehrveranstaltungen wie Seminare und Übungen abhalten, gelegentlich sogar eine Vorlesung übernehmen. Bischof Volk stattete sie mit der Missio canonica aus. Aufgrund ihrer Leistungen stieg sie von der Akademischen Rätin zur Oberrätin und zur Direktorin auf. Die Besetzung der Stelle einer Verwaltungsangestellten erwies sich als schwierig. Der Stellenmarkt für qualifizierte Verwaltungsangestellte war leergefegt. Außerdem war die Bezahlung in der Wirtschaft gewöhnlich besser als an der Universität. Dazu kam, dass die Stelle an meinem Lehrstuhl mit viel Arbeit verbunden war. So musste ich mich durchlavieren und gelegentlich bei umfangreichen Schreibarbeiten, etwa bei den drei Bänden über Ludwig Kaas, fremde Hilfe in Anspruch nehmen.

Die Universität Regensburg wurde 1962 gegründet und nahm den Lehrbetrieb 1967 auf. Auch hier erhielt ich einen Ruf auf den Kirchenrechtslehrstuhl in der theologischen Fakultät. Es zog mich nach Bayern und der Regensburger Bischof Rudolf Graber sowie mein Lehrer Audomar Scheuermann drängten mich, den Ruf anzunehmen. Die Entscheidung fiel mir nicht leicht. Mörsdorf hatte mir die Aussicht eröffnet, in München die Nachfolge von Weinzierl anzutreten. Diese Perspektive gab den Ausschlag, den Ruf abzulehnen. Diesmal verzichtete ich auf jede (an sich mögliche) irgendwie geartete Verbesserung meiner Ausstattung aufgrund von „Bleibeverhandlungen“. Ein weiteres Motiv für die Ablehnung der beiden Berufungen war die Befürchtung , ich würde an den neuerrichteten Universitäten „verheizt“, das heißt, mit der Erstellung von Satzungen und Prüfungsordnungen, wofür man den Kanonisten nicht glaubte entbehren zu können, eingedeckt werden. Das wäre u. a. meinen Forschungen abträglich gewesen.

2. München

Im Jahre 1968 wurde an der Münchener Katholisch-Theologischen Fakultät der Lehrstuhl für Kirchliche Rechtsgeschichte und Staatskirchenrecht durch die Emeritierung des bisherigen Inhabers Karl Weinzierl erledigt. Diese Kombination zog mich stark an. Doch ich selbst unternahm nichts, um die Nachfolge Weinzierls anzutreten. Meine Lehrer Klaus Mörsdorf und Audomar Scheuermann wollten mich auf diesem Lehrstuhl haben. Mit erheblicher Anstrengung gelang es Mörsdorf, eine Mehrheit der Fakultät für eine Berufungsliste zu gewinnen, auf deren erster Stelle mein Name stand. Er glaubte sich seiner Sache sicher. Doch er hatte sich verrechnet. Seine und meine Gegner

Mit Rektor der Universität München, Prof. Dr. Audomar Scheuermann

stemmten sich gegen diesen Vorschlag. Sie mobilisierten die Personen, die meine theologische Linie verwarfen. Als treibende Kräfte der Gegenpartei in der Münchener Fakultät machte ich Georg Schwaiger, Heinrich Fries und Richard Egenter aus.

Es waren in der Hauptsache weltanschauliche Gründe, aus denen ihre Gegnerschaft erwuchs. Sie waren liberal und

Prof. Dr. Georg Schwaiger (1968) (1. Reihe, 2. von rechts)

progressiv, was ich nicht war. Egenter hatte mir schon immer vorgehalten, dass es mir an einer Portion „bayerischem Liberalismus" fehle. Mir wurde die sogenannte konservative Einstellung zum Vorwurf gemacht. Der entscheidende Drahtzieher war Schwaiger, der auch Dekan der Fakultät war. Er sorgte dafür, dass der Berichterstatter im Senat, der evangelische Kirchenrechtler Axel von Campenhausen, durch sein Referat die Mehrheit des Senats bewog, mich von der Liste zu streichen. Mein Freund aus Freisinger Tagen, Josef Scharbert, schrieb mir, Schwaiger habe das Senatsgutachten „in seinem Sinn manipuliert". Er bemerkte weiter, dass die Gegnerschaft gegen mich auch eine Abrechnung mit (dem zunehmend unbeliebter gewordenen) Mörsdorf sei. Allerdings hatte das Senatsvotum keinen Einfluss auf die Berufungsliste. Die Liste ging also in der ursprünglichen Form an das Kultusministerium.

Möglicherweise spielte bei meiner Abweisung auch meine Herkunft aus Schlesien eine Rolle. So gewichtige Lehrstühle an der Münchener Fakultät wie Dogmatik, Neues Testament und Liturgik waren von Schlesiern besetzt (Leo Scheffczyk, Otto Kuß, Walter Dürig). Vielleicht wollte man die schlesische „Fraktion" in der Fakultät nicht noch verstärken. Auch dürfte die verbreitete Animosität gegen das Kirchenrecht mitgesprochen haben, die man hier ungehemmt gegen einen unbequemen Mann loslassen konnte. Scharbert schrieb mir am 18. Dezember 1969: „Vermasselt hat alles Dekan Schwaiger." Er habe mich als einen „gefährlichen Erzkonservativen" hingestellt.

Der hohe Ministerialbeamte Johannes von Elmenau trat mannhaft für mich ein und zeigte sich stark befremdet über das Verhalten Schwaigers. Mörsdorf hatte zur Unterstützung meiner Platzierung zusätzlich ein Gutachten des Züricher Rechtsgelehrten Karl Siegfried Bader eingeholt. Doch seitdem Schmaus und Pascher die Fakultät verlassen hatten, stand er allein, meinte aber immer noch, eine dominante Stellung einnehmen

Mit Prof. Dr.
Karl Siegfried Bader (1970)

zu können. Auch wurde ihm ungeschicktes Taktieren in der Fakultätssitzung vorgeworfen. Mörsdorf gestand mir etwas später unter vier Augen: „Ich habe in den letzten Jahren einen Nackenschlag nach dem anderen erhalten." Der Widerstand gegen meine Berufung war auch der „Gruppenuniversität" zu verdanken. Die Veränderungen in der Struktur der Fakultäten schlugen in meinem Fall durch.

Die Angelegenheit zog weitere Kreise. Die progressistische Vernetzung erwies ihre Reichweite. Der Rektor der Universität teilte dem Kultusministerium am 12. August 1969 mit, vor der Zuleitung der Vorschlagsliste an das Ministerium seien bereits Persönlichkeiten innerhalb und außerhalb Münchens durch anonym versandte Briefe gegen Professor May beeinflusst worden. Er selbst sei noch vor der Senatssitzung von völlig unzuständigen Leuten, die nicht der Universität angehörten, aufgefordert worden, die Berufung Mays zu verhindern. Diese Mitteilung zeigt die offenbare Intoleranz und die Geringschätzung des Universitätsrechtes durch die Kräfte, die gegen mich standen.

Ausschlaggebend für meine Ablehnung war allerdings der Münchener Erzbischof Julius Döpfner. Mitglieder der Fakultät, vermutlich vor allem Fries, hatten den Münchener Erzbischof von den Vorgängen unterrichtet und darauf hingearbeitet, dass er gegen meine Berufung Einspruch einlege. Damit dürften sie bei Döpfner williges Gehör gefunden haben. Dem progressistischen Oberhirten war ein Mann wie ich grundsätzlich zuwider. Der Diözesanbischof darf Einwände gegen die Berufung erheben, wenn aus Glaube und Sitte entnommene Gebote von dem zu Berufenden verletzt werden. Davon konnte bei mir keine Rede sein. Aber Döpfner setzte sich über diese Beschränkung hinweg. Er ließ sich bestimmen, den Domkapitular Fritz Bauer ins Kultusministerium zu entsenden mit der Weisung, der Minister möge von der Berufung meiner Person Abstand nehmen.

Diese Intervention geschah, bevor eine Berufung ergangen war. Sie war also kein konkordatäres Veto, hatte aber dieselbe Wirkung. Der Minister verzichtete auf meine Berufung. Der Ministerialdirektor Toni Böck kommentierte dieses Vorgehen mit der Bemerkung: „ein in der Universitätsgeschichte unerhörter Vorgang". Berufen wurde der Trierer Kanonist Heribert Schmitz. Er war ein ausgezeichneter Kanonist, aber kein Rechtshistoriker. Mein Verhältnis zu Schmitz war nicht getrübt, obwohl ich beim Zusammentreffen immer seine Befangenheit spürte.

Mörsdorf war betroffen. Als ich ihn fragte, was zu tun sei, antwortete er, ich solle Döpfner vortragen, dass seine Intervention meine kirchliche Ehre beeinträchtigt habe. Also wandte ich mich an Döpfner, musste aber lange auf eine Erwiderung warten. In seinem Antwortschreiben vom 3. Februar 1970 erklärte er, die inoffizielle und vertrauliche Vorsprache eines Mitarbeiters sei kein Veto nach Artikel 3 des Bayerischen Konkordats gewesen und ein solches könne auch nicht aus den von mir angegebenen Gründen eingelegt werden. Für die von mir erbetene Ehrenerklärung fehle somit die Voraussetzung. Was Döpfner gegen mich vorbrachte, war, wie ich erfuhr, ich sei „negativ konservativ". Das hatte ihm wohl mein „Freund" Schwaiger ins Ohr geflüstert. Ebendieser Schwaiger sagte nämlich zu mir im Vorfeld der Berufung: „Wir gelten schon als so konservativ. Und jetzt kommst du noch." Ein wahrlich durchschlagendes Argument. Döpfner verhinderte die Berufung eines Gelehrten, gegen den rechtlich relevante Gründe nicht geltend gemacht werden konnten. Gegen die bald darauf erfolgende Berufung von Johannes Gründel, der die katholische Moraltheologie umstürzte, hatte er keine Einwände und verzichtete auf eine „inoffizielle und vertrauliche Vorsprache".

Dass mir München entging, war ein schwerer Schlag für mich. Wegen der mir von Mörsdorf eröffneten Aussicht, die

Nachfolge Weinzierls anzutreten, hatte ich den Ruf nach Regensburg ausgeschlagen. Gern wäre ich nach München gegangen. Es war mein Plan, mich gründlich in die mittelalterliche Kanonistik einzuarbeiten und dazugehörige Handschriften zu edieren. Derentwegen hatte ich bereits Kontakt mit Stephan Kuttner in den USA aufgenommen. Als religiöser Mensch war ich jedoch aufgefordert, den empfangenen Schlag zu verwinden, und das gelang mir. Es blieb kein Ressentiment zurück. Das Münchener Ereignis hatte ein Nachspiel. Viele Jahre später rief mich Schwaiger an einem Karfreitag (!) an und suchte mir weiszumachen, dass meine Nichtberufung nach München für mich zum Vorteil gewesen sei. Ich nahm alles, was er ausführte, schweigend hin, war weder verbittert noch nachtragend, bewältigte vielmehr alles Ungemach mit dem Trost, der aus dem Psalmvers 118,71 kommt: „Bonum mihi quia humiliasti me."

Zudem hatte ich keinen Hang, von Mainz wegzukommen, hatte mich hier eingerichtet und eingewöhnt, hatte Arbeitsfelder gefunden, hatte ein Dach über dem Kopf, hatte meine treue Gemeinde. Außerdem war München kein Eldorado. Freund Scharbert, der von Freising nach München übernommen worden war, schrieb mir: „Wenn an einer der kleinen Bayerischen Hochschulen ein Lehrstuhl für AT frei wird, bewerbe ich mich. Ich habe den Betrieb in München satt." Um diese Zeit etwa wurde ich von der Carl-Friedrich-von-*Siemens-Stiftung* in München eingeladen, einen Vortrag zu halten. Vor einem erlesenen Publikum sprach ich über die progressistische Welle und die zersetzende Theologie. Die Kommentare in der Presse waren entsprechend. Der anwesende Staatsrechtler Theodor Maunz allerdings erklärte, es sei ein „großer Abend" gewesen.

Schwaiger agitierte nach diesem „Sieg" weiter. Als die Nachfolge von Mörsdorf anstand, setzte er durch, dass sich (der von ihm angegangene Regensburger Kanonist) Matthäus Kaiser bewarb und auf die erste Stelle der Liste kam. Diesmal hatte er sich verrechnet. Die beiden Kanonisten Mörsdorf und Scheuermann reichten ein Sondervotum ein, das Winfried Aymans in Bonn für die erste Stelle empfahl. Der Minister folgte dem Sondervotum und berief Aymans. Man „vergalt" ihm in München die Berufung, indem man ihm während seiner jahrzehntelangen Dienstzeit die Wahl zum Dekan versagte.

3. Salzburg

Wenig später nach den Münchener Ereignissen hatte die Rechtswissenschaftliche Fakultät der Universität Salzburg die Professur für Kirchenrecht neu zu besetzen. Ohne mein geringstes Zutun kam die Mehrheit der akademischen Lehrer dazu, meinen Namen an die erste Stelle der Berufungsliste zu setzen, 19 von 21 Kollegen. Als dieses Votum bekannt wurde, gerieten die Progressisten und Modernisten in helle Aufregung. Ihr heftigster Agitator war der Liturgiker der Theologischen Fakultät, Franz Nikolasch. Er und seine Gesinnungsgenossen fürchteten einen Mann, der in der Lage war, Hintergrund, Absicht und Auswirkungen der sogenannten „Liturgiereform" aufzudecken. Man versuchte, auch die Studentenschaft gegen mich einzunehmen. Die Salzburger Fachschaft entsandte einen Vertreter nach Mainz, der meine Lehrveranstaltungen besuchen und danach Bericht erstatten sollte. Der vorgelegte Bericht fiel positiv aus und die studentischen Vertreter votierten für mich. Aber wiederum fiel die Entscheidung nicht an der Fakultät. Vielmehr nahm der von meinen Gegnern angegangene Erzbischof von Wien, Franz König, Fühlung mit dem österreichischen Kultusministerium auf und empfahl, mich nicht zu berufen, was auch geschah. Wolfgang Waldstein, Professor für Römisches Recht an der Salzburger Fakultät, dokumentierte den Vorgang in der Schrift „Hirtensorge und Liturgiereform". Er bedauerte den Ausschluss „einer außerordentlich hochqualifizierten Forscherpersönlichkeit", zu dem sich die Akteure berechtigt hielten, „weil es sich um einen ‚konservativen' Gelehrten handelt, dem die Toleranz entzogen werden muss". Wenn die Berufung zustande gekommen wäre, hätte ich sie angenommen.

Prof. Dr. Wolfgang Waldstein (Bildmitte)

XVIII.

Arbeiten und Forschung

Ein deutscher Professor ist gehalten, sein Fach in Forschung und Lehre zu vertreten und zu fördern. Mein Bestreben war, dieser Forderung gerecht zu werden. Von Anfang an begann ich zu publizieren. Meine Veröffentlichungen betrafen das geltende Kirchenrecht, die Geschichte des Kirchenrechts, das Staatskirchenrecht und die je aktuelle Lage der Kirche und der Religion. Ich hatte die zweifelhafte Begabung, Gegenstände der Forschung und Publikation anzufassen, die „heiße Eisen" waren, woran man sich also die Finger verbrennen konnte. Dies tat ich aus Verantwortungsbewusstsein, aus keinem anderen Motiv. Streit war mir verhasst, aber wo es von der Sache gefordert war, ging ich ihm nicht aus dem Weg, regelmäßig zu meinem Schaden.

1. Geltendes Recht

Selbstverständlich befasste ich mich in meinen Veröffentlichungen zunächst und immer wieder mit dem geltenden Recht. Der Codex Iuris Canonici und die darauf aufbauende gesetzgeberische Tätigkeit der Kirche boten dafür eine verlässliche Grundlage. Das Thema „Gesetz und Gewissen" ließ mir keine Ruhe, weil sich das (folgenreiche) Bestreben immer mehr ausweitete, das Gewissen gegen das Gesetz in Stellung zu bringen und das Gesetz dadurch unwirksam zu machen. Zahlreiche Veröffentlichungen galten der Eucharistie. Die enge Verbindung von Priestertum und Messopfer lud dazu ein, das eucharistische Opfersakrament von mehreren Seiten darzustellen. So war das Recht des Gottesdienstes in Vergangenheit und Gegenwart häufiger Gegenstand von Aufsätzen und selbstständigen Schriften. Es war mir daran gelegen, das Erbe der Vergangenheit zu erhalten. Von den vorgeschlagenen und den durchgeführten Veränderungen der Liturgie erwartete ich keinen Gewinn für Glauben und Frömmigkeit des gläubigen Volkes. Zahlreiche Veröffentlichungen hatten das Priestertum der Kirche zum Gegenstand. Gewiss gegen ihre Absicht wurde die sich auf das Zweite Vatikanische Konzil berufende Bewegung zu einem Instrument der Herabstufung des Priestertums mit der bald erkennbaren Wirkung des massenhaften Abfalls von Priestern und des Versiegens des priesterlichen Nachwuchses. Wiederholt bezog ich Stellung zum Zölibat. Diese Lebensform hielt und halte ich für unaufgebbar. Sie ist der priesterlichen Persönlichkeit aufs Höchste angemessen und dem katholischen Volk aus mehreren Gründen unentbehrlich.

Immer wieder griff ich Gegenstände des Eherechts auf. „Die kirchliche Eheschließung in der Erzdiözese Mainz seit dem Konzil von Trient“ war eine umfangreiche, aus den Handschriften erarbeitete Untersuchung. Die steigende Zahl der katholischen Christen, die sich auf die eine oder andere Weise von ihrer Kirche distanzierten, erfüllte mich mit wachsender Sorge. Von daher beschäftigten mich Kirchenaustritt und Kircheneintritt wiederholt. Viele Veröffentlichungen galten dem Recht der theologischen Studieneinrichtungen. Sie waren angesichts der Verhältnisse in Deutschland regelmäßig staatskirchenrechtlicher Natur.

Das Recht der Bischöfe ging ich von verschiedenen Ausgangspunkten an. Das Amt des Bischofs war mir sehr wichtig. Die Kritik an der bischöflichen Amtsführung wurde durch das eklatante Versagen vieler Bischöfe herausgefordert. Es sei mein umfangreiches Buch „Die deutschen Bischöfe angesichts der Glaubensspaltung des 16. Jahrhunderts" erwähnt. Es ist der Verbesserung fähig und bedürftig, war aber immerhin ein aufschlussreicher Überblick über das Verhalten der Oberhirten in einer Zeit, die der unsrigen sehr ähnlich ist. Auch das Recht der Papstwahl zog mich an. In meinem Leben vollzogen sich mehrere Eingriffe in das Papstwahlrecht. Jeder einzelne zeitigte Folgen, die entweder unbeabsichtigt eintraten oder beabsichtigt waren. Ebenso bearbeitete ich das Recht der Vereine und der Bruderschaften. In ihnen vollzieht sich ja ein beträchtlicher Teil der apostolischen Arbeit von Priestern und Laien. Die Geschichte weiß zu berichten, welchen Anteil kirchliche Vereine an dem Aufschwung der Kirche und an ihrer Verteidigung im 19. Jahrhundert hatten. Das Recht der Kirchen, besonders der Simultankirchen und der Basilicae minores, beschäftigte mich wiederholt. Dazu waren gewöhnlich archivalische Studien erforderlich wie jene über die Simultankirche in Zweibrücken.

Die brisante Frage der „Demokratisierung" der Kirche behandelte ich in einer Monographie. Die Kirche steht im Zeitalter der Demokratie unter dem Druck, sich dem Zeitgeist anzupassen, wie es der Protestantismus meisterhaft versteht. Doch in ihr sind Pflöcke eingeschlagen, die nicht verrückt werden dürfen. Das nachkonziliare Rätesystem entging meiner Aufmerksamkeit nicht. Hier bereitete sich „die andere Hierarchie" vor. Die Bischöfe gerieten immer mehr in den Sog der dem Zeitgeist verpflichteten Pressure-groups wie des Zentralkomitees der deutschen Katholiken und der Verbindung der Frauen von Maria 2.0.

Gelegentlich setzte mich Mörsdorf gezielt ein, um einen gegnerischen Autor zu dekuvrieren. So ersuchte er mich, gegen Karl Rahner in die Arena zu treten. Daraus entstand der Aufsatz „‚Normative Kraft des faktischen Glaubens' als

Weg zur Einheitskirche der Zukunft? Bemerkungen zu einer Vision Karl Rahners“ (Archiv für katholisches Kirchenrecht 1973, S. 3-16). Freunde konnte man freilich mit derartigen Veröffentlichungen nicht gewinnen. Aber es ist das Kennzeichen meiner Arbeit, dass ich sie stets ohne Rücksichtnahme auf meine Person geleistet habe.

So manche Veröffentlichung aus meiner Feder ist aus der Beobachtung der Zeitlage entstanden. Bereits im Jahre 1962 wurde meine Sorge über den Weg der Kirche wach und ich ahnte das heraufziehende Unheil, wenn auch nicht in vollem Maße. Zuerst verfasste ich die Schrift „Die kanonische Formpflicht beim Abschluss von Mischehen“. Darin trat ich den Absichten und Entwürfen entgegen, die Gültigkeit konfessionell gemischter Ehen nicht von dem Abschluss vor dem katholischen Priester abhängig zu machen; sie hatten hohe Fürsprecher gefunden, darunter den Erzbischof von Köln, Joseph Frings. Mein Oberhirte, der Kapitelsvikar Piontek, ließ 80 Exemplare der Schrift durch Weihbischof Gerhard Schaffran in Rom an die deutschsprachigen Konzilsväter verteilen. Das Thema „Mischehe“ beschäftigte mich die folgenden Jahre unaufhörlich. Eine Schrift nach der anderen, ein Aufsatz nach dem anderen erschien zur Abwehr der auf Niederreißung der Normen, die für die Eingehung einer konfessionsverschiedenen Ehe und das Leben in ihr aus guten Gründen aufgestellt worden waren, gerichteten Vorschläge und Bestrebungen. Beliebtheit konnte man damit nicht gewinnen, jedoch sehr wohl das Gegenteil. Ich wurde zum Buhmann der katholischen Theologie.

Das Fernsehen lud mich nach Bremen zu einem Gespräch über das Thema ein. Hier war es der Bonner Moraltheologe Franz Böckle, der die bisherige katholische Haltung in der Mischehenfrage verwarf und Konzessionen an den Protestantismus forderte. Sodann wurde ich zu einer Sitzung mit protestantischen Vertretern über die Mischehenfrage eingeladen, bei der mir der Moraltheologe Bernhard Häring widersprach und den protestantischen Standpunkt übernahm. Der evangelische Professor Edmund Schlink wollte mich in einem Gespräch unter vier Augen umstimmen. Als ich auf das kirchliche Lehramt verwies, gab er zur Antwort: „Aber es dringt nicht mehr durch." Er hatte Recht.

Mein jahrelanger vielfältiger Einsatz war vergeblich. Die (im Rahmen der Gesamtkirche für vorbildlich, ja maßgeblich gehaltene) Deutsche Bischofskonferenz knickte ein und kapitulierte vor den Forderungen der protestantischen Seite und deren Unterstützern auf katholischer Seite. Der Heilige Stuhl war in dieser Frage der Getriebene. Der Erzbischof und spätere Kardinal Tomko sagte mir, für diesen komme es entscheidend auf die Haltung der deutschen Bischöfe an. Aber auf diese war kein Verlass. So gab Papst Paul VI. (auch) in dieser Frage nach. Spätestens nach diesem verlorenen Kampf erlitt mein Vertrauen zu den deutschen Bischöfen eine Einbuße, aus der ich nicht mehr herausfand. Der Münchener Erzbischof Julius Döpfner sprach von dem „Rigorismus" Mays, der doch nichts anderes festhalten wollte, als was die Kirche jahrhundertelang vorgeschrieben und im 19. Jahrhundert unter schweren Opfern behauptet hatte.

2. Rechtsgeschichte

Die Rechtsgeschichte fesselte mich von Anfang an. Hier war jungfräulicher Boden, der häufig nicht oder wenig bearbeitet war, wo man also Unentdecktes und Neues bieten konnte. Die Eigenart dieses Arbeitsgebietes lag darin, dass man das Material, welches man juristisch durchdringen wollte, erst erheben musste durch mühsame archivalische Forschungen. Dabei war ich häufig begleitet und unterstützt durch Frau Dr. Egler, deren paläographische Kenntnisse mir bei der Lektüre der Quellen von großem Nutzen waren. Mir machte die Arbeit mit Handschriften Freude. In vielen Archiven habe ich gearbeitet, angefangen von Erfurt, Weimar, Mühlhausen, Magdeburg über Würzburg, Mainz, Wiesbaden, Fritzlar, Amöneburg, Ludwigsburg, Stuttgart, Tübingen, Freiburg bis zu Bonn, Trier und Paris. Aus diesen Arbeiten sind mehrere umfangreiche Bücher und zahlreiche Aufsätze hervorgegangen. Auch mit mittelalterlichen Handschriften kanonistischer Texte habe ich gearbeitet und hatte die Absicht, in deren Herausgabe einzusteigen, wenn ich den Ruf auf den Lehrstuhl für Kirchliche Rechtsgeschichte in München erhalten hätte. Das Kanonistische Institut besaß einen Schatz von Fotokopien großer Summen und Kommentare des Mittelalters. Bezüglich der geplanten Herausgabe dieses Materials nahm ich, wie erwähnt, Verbindung mit Stephan Kuttner in den USA auf. Da ich den Münchener Lehrstuhl nicht erhielt, unterblieb die Bearbeitung.

Immer wieder beschäftigte ich mich mit der Rechtsgeschichte des Bistums Mainz. Schon die Dissertation war ja diesem Gebiet gewidmet. Es ließ mich nicht mehr los. Leben und Wirken des Bischofs Joseph Ludwig Colmar fesselten mich. Das zweibändige Werk über das Recht des Gottesdienstes zur Zeit seines Episkopats und zahlreiche weitere

Beiträge waren die Frucht dieser Beschäftigung. Im „Handbuch der Mainzer Kirchengeschichte" bearbeitete ich die rechtsgeschichtlichen Teile. Schließlich kehrte ich zu meinen Anfängen zurück und legte das zweibändige Werk „Die Organisation von Gerichtsbarkeit und Verwaltung in der Erzdiözese Mainz vom hohen Mittelalter bis zum Ende der Reichskirche" vor. Es beruht im Wesentlichen auf archivalischen Forschungen, u. a. in Amöneburg und Fritzlar, wohin mich mein Freund, der Hauptlehrer Hartwig Groll, mit seinem Auto brachte.

Die Französische Revolution war ein gewaltiger Schlag gegen die katholische Kirche. Aus ihren Trümmern musste der neue Aufbau erfolgen. Dazu leistete der Apostolische Stuhl wirksamen Beistand. Daraus erwuchs mein Buch „Das Versöhnungswerk des päpstlichen Legaten Giovanni B. Caprara". Es beruht im Wesentlichen auf Archivalien der „Archives nationales" in Paris. Dort liegen Tausende von Gesuchen der Priester, die auf die eine oder andere Weise mit der Ordnung oder der Lehre der Kirche in Konflikt geraten waren. Karl Siegfried Bader, Rechtshistoriker in Mainz und danach in Zürich, machte mich auf den Nachlass von Ulrich Stutz aufmerksam. Daraus zog ich das Material für mehrere Aufsätze, die das Leben und Wirken anerkannter Gelehrter erhellen.

Mit dem Buch „Ego N. N. Catholicae Ecclesiae Episcopus" versuchte ich Entstehung und Gebrauch einer päpstlichen Unterschriftsformel durch die Jahrhunderte darzustellen. Der Gegenstand ist für die Geschichte des Primats von Gewicht. Doch der Mainstream hatte dafür kein Interesse.

Im Zusammenhang mit meinen rechtsgeschichtlichen Forschungen widerfuhr mir, dem korrekten katholischen Christen, ein merkwürdiges Ungemach: Für meinen Beitrag im „Handbuch der Kirchengeschichte“ wurde mir aus unbegreiflichen, niemals mitgeteilten Gründen vom Freiburger Ordinariat die Druckerlaubnis verweigert. Hubert Jedin, der Herausgeber des Handbuches, war fassungslos. Daraufhin beantragte ich die Erlaubnis in Köln und erhielt sie vom Kölner Ordinariat aus der Hand von Weihbischof Hubert Luthe.

3. Staatskirchenrecht

Kirchenrecht und Staatskirchenrecht sind zwei getrennte Gebiete, die aber viele Berührungen haben. Das Staatskirchenrecht wurde von Kanonisten früherer Generationen sorgfältig beobachtet und meist ausgiebig behandelt. Die jüngeren Kanonisten schienen es weniger zu beachten, so dass es hauptsächlich von Juristen dargestellt wurde. Es war mein Bestreben, auch dieses Feld zu beackern.

Mehrere Studien widmete ich den Professuren für Geschichte und Philosophie, die in den Universitäten, an denen eine katholisch-theologische Fakultät bestand, vertragsgemäß mit einem katholischen Gelehrten zu besetzen waren (Breslau, Freiburg). Im Fall Tübingen wurde daraus ein starker Band. Wiederholt beschäftigte ich mich mit dem „ius emigrandi“, das seit der Glaubensspaltung erhebliche Bedeutung gewann. Dabei wurde mir klar, wie viel von historischer Seite noch zu erforschen ist für den anfänglichen „Erfolg“ der sogenannten Reformation, als dieses Prinzip noch nicht bestand.

Die jahrelangen einseitigen Polemiken bezüglich des Missbrauchs in der Kirche veranlassten mich, diesen Gegenstand zu bearbeiten. Man konnte nur staunen, wie die Bischöfe völlig ahnungslos und unnötig in die Falle liefen, die Wichtigtuer, Systemveränderer und Kirchenfeinde aufgebaut hatten. In jedem ordnungsgemäßen Verfahren gilt der Grundsatz „Audiatur et altera pars“ („Man höre auch die andere Seite“). Bei der Aufarbeitung der Missbräuche hörte ich immer nur die Ankläger, niemals einen objektiven Beobachter.

Prälat Ludwig Kaas

Jahrelang arbeitete ich an dem dreibändigen Werk über den Kanonisten und Politiker Ludwig Kaas. Außer Archivalien waren dafür auch zahlreiche Bände damaliger Zeitungen heranzuziehen. Das Leben und Wirken von Kaas war eingebettet in das unruhige Geschehen zur Zeit der Weimarer Republik. Er war einer der besonnenen Kräfte der politischen Mitte. Es war eine große Genugtuung für mich, als mir seine Nichte erklärte: „Sie sind ihm gerecht geworden.“ Zum Themenkreis „Staat und Kirche“ gehört auch mein Buch „Kirchenkampf oder Katholikenverfolgung?“. Mich störte die offenkundige Einseitigkeit und Lückenhaftigkeit bei der sogenannten „Aufarbeitung“ der Zeit des nationalsozialistischen Regimes. Ich habe die zwölf Jahre, angeleitet von Eltern und Großeltern, sorgfältig beobachtet. Es erschien mir notwendig, gewissen Vernebelungen entgegenzutreten. Die Haltung der katholischen Bevölkerung und erst recht des Klerus war nun einmal beträchtlich anders als die der Protestanten und ihrer Pfarrerschaft. Die Grenzen meiner Darstellung sind mir bewusst. Doch bleibt bestehen, dass ich ein Werk, das ihr vergleichbar ist, nicht kenne.

4. Protestantismus

Häufig befasste ich mich mit Lehre und Recht des Protestantismus. Meine Haltung war eindeutig: Das Verhältnis des katholischen Christen zum Protestantismus muss von Achtung, Gerechtigkeit und Nächstenliebe geprägt sein; Konzessionen im Glauben und im Recht sind abzulehnen. Den vom Zweiten Vatikanischen Konzil eröffneten „katholischen Ökumenismus“ hielt (und halte) ich für verfehlt, undurchführbar und gefährlich. Eine „Wiedervereinigung“ des Protestantismus mit der katholischen Kirche erscheint mir ausgeschlossen. Dafür konnte ich mich im 16. Jahrhundert auf Gelehrte wie Petrus Canisius und Stanislaus Hosius stützen. Ausdruck dieser Überzeugung sind meine Schrift „Die Ökumenismusfalle“ und zahlreiche weitere Veröffentlichungen, z. B. über das protestantische Recht der gemischten Ehen und über die Kommunionspendung an Nichtkatholiken. Nur der Heilige Geist kann die Rückkehr zur Kirche herbeiführen.

In meiner Studienzeit (und auch später) las ich reichlich protestantische theologische Literatur. So gewann ich einen soliden Einblick in die Ansichten und Strömungen des Protestantismus. Für mich waren die Veröffentlichungen von Männern wie Rudolf Bultmann und Gert Otto keine Überraschung. Ich war und bin nicht der Meinung, dass vom Protestantismus nichts zu lernen sei. Man muss nur seine reiche Produktion kritisch lesen und sie auf die weltanschaulichen Vorentscheidungen hin befragen. Meine eindeutige Haltung hinderte mich nicht, freundliche bis freundschaftliche Beziehungen zu protestantischen Pfarrern zu unterhalten.

In zahlreichen Beiträgen suchte ich der horrenden Unkenntnis des Protestantismus, die auf katholischer Seite besteht, zu begegnen. Der immer bedenklicher werdende Zustand der katholischen Kirche in Deutschland veranlasste mich, das Buch „300 Jahre gläubige und ungläubige Theologie" zu verfassen. Nach meiner begründeten Überzeugung ist der Verfall der Theologie die Wurzel des heutigen inneren Zusammenbruchs unserer Kirche. Für die Lage in der katholischen Theologie ist bezeichnend, dass das (doch hochaktuelle) Werk in keiner einzigen wissenschaftlichen Zeitschrift rezensiert wurde. Totschweigen ist wirksamer als Verriss.

Ein erheblicher Teil meines Schrifttums ist nichtwissenschaftlicher Art. Es sind Darlegungen religiöser, sittlicher und aszetischer Art. Häufig habe ich mich mit dem Priestertum in der Krise unserer Zeit beschäftigt und mich bemüht, den Priestern Halt und den Gläubigen Gewissheit zu verschaffen. Nicht alle meine Veröffentlichungen sind gelungen. Ich war mit keiner zufrieden. Der einen oder anderen Publikation hätten ein längeres Zurückhalten und eine nochmalige Prüfung gut getan.

Mit meiner langjährigen Mitarbeiterin Frau Dr. Anna Egler verfasste ich eine Anleitung zur Einarbeitung in die kanonistische Arbeit („Einführung in die kirchenrechtliche Methode"). Sie war ein Versuch, welcher der Verbesserung fähig und bedürftig ist. Leider kam es dazu nicht. Auch sie legte eine beträchtliche Zahl selbstständiger Veröffentlichungen vor. Ihre Dissertation „Die Spanier in der linksrheinischen Kurpfalz 1620-1632" war rasch vergriffen. In harter archivalischer Arbeit bereicherte sie die Rechtsgeschichte der Frömmigkeit und des Klosterwesens, vor allem im Eichsfeld. Auch zum geltenden Recht publizierte sie gewichtige Beiträge.

Mit Fleiß kam ich der undankbaren Aufgabe nach, neuerschienene Bücher in den verschiedenen Zeitschriften zu rezensieren. Stets war ich um Gerechtigkeit bemüht. Besprechungen müssen mit dem Intellekt, nicht mit Emotionen gemacht werden. Nicht alle meiner Gegner teilten diesen Standpunkt. Auf die Bitte von Rudolf Jud trat ich in die Herausgeberschaft der Zeitschrift „Erasmus. Speculum Scientiarum" ein, die dem Rezensionswesen ohne Beschränkung auf eine Disziplin gewidmet war. Dort besprach ich u. a. die ersten Bände der Gesammelten Werke Karl Rahners (1971). Jud teilte mir mit, dass dieses Heft der Zeitschrift zum ersten Mal ein kaufmännischer Erfolg war.

Fachvertreter mehrerer Lexika ersuchten mich um meine Mitarbeit, so diejenigen von zwei Auflagen des „Lexikons für Theologie und Kirche", der „Brockhaus-Enzyklopädie", der „Theologischen Realenzyklopädie", von „Religion in Geschichte und Gegenwart", vom „Lexikon des Mittelalters", vom „Evangelischen Staatslexikon" und von der „Neuen Deutschen Biographie".

Meine Veröffentlichungen brachte ich in mehreren Verlagen und vielen Zeitschriften unter. Von Heinrich Flatten übernahm ich die Herausgeberschaft der „Kanonistischen

Studien und Texte". Die Reihe erschien damals im Verlag B. R. Grüner zu Amsterdam und ging später über an den Verlag Duncker & Humblot in Berlin; diesen Übergang hatte Joseph Listl vermittelt. Mit den Verlegern Herrn Grüner und den beiden Herren Simon ergab sich eine reibungslose Zusammenarbeit. Mitherausgeberin war Anna Egler. Sie hat besondere Verdienste bei der drucktechnischen Gestaltung und teilweise auch bei der Finanzierung. Leider hatten mehrere Kanonisten den Ehrgeiz, eine eigene Reihe zu begründen, so dass die Zahl der Veröffentlichungen in den „Studien und Texten" nicht hoch genug war.

Mit Prof. Dr. Joseph Listl (1991)

XIX.

Kirchliche Versammlungen

1. Das Konzil

Das einschneidendste kirchliche Ereignis in meinem Leben war das Zweite Vatikanische Konzil. Am 25. Januar 1959 kündigte Papst Johannes XXIII. die Einberufung eines Allgemeinen Konzils an. Es wurde am 11. Oktober 1962 eröffnet. Erstaunlich war die Euphorie, mit der dieser Entschluss von beinahe allen Seiten begrüßt wurde. Jede Richtung erwartete von ihm die Erfüllung ihrer Wünsche oder Forderungen. Nur wenige weise Männer der römischen Kurie, einige geschichtlich bewanderte Bischöfe, aber kaum ein prominenter Theologe hatten Bedenken und Befürchtungen.

Aus kirchlichem Sinn schloss ich mich der erwünschten und erwarteten Zustimmung zu dem Ereignis an, allerdings nicht lange. Von Anbeginn hatte ich die Besorgnis, dass der Ruf nach „Reformen“ nichts anderes bedeuten würde, als dass alles Beschwerliche, Anstrengende und Lästige am Leben und an der Struktur der Kirche beseitigt werden sollte. Zu diesem Zeitpunkt hatte ich schon einen Überblick über die Kräfte und Positionen in unserer Kirche gewonnen. Eine ausgebreitete Bewegung der Erneuerung („Reform“) vermochte ich nicht zu erkennen. Umso bedenklicher fand ich Zeichen der Müdigkeit, der Bequemlichkeit und der Anpassung an die „Welt“, die nicht zu übersehen waren. Mein

Oberhirte Ferdinand Piontek war ähnlich skeptisch und besorgt bezüglich der gewünschten bzw. geforderten und in Angriff genommenen „Reformen“ in der Kirche, obwohl er nur den Anfang der Wehen erlebte und sich wohl das ganze Ausmaß der Zerrüttung, das innerhalb weniger Jahre die Kirche erschüttern sollte, nicht vorstellen konnte.

Das Konzil ist gescheitert und es musste scheitern. Entscheidend für den Erfolg eines Konzils sind das Vorhandensein und das Durchhalten einer echten Reformbewegung, also die Existenz einer ausreichenden Zahl von Männern und Frauen, die aus unerschütterlichem Glauben, tiefer Frömmigkeit, ausgestattet mit Tugenden, in selbstvergessener Weise die Ehre Gottes suchen und darin allen Widerständen zum Trotz beharren. Eine solche Reformbewegung war 1962 nicht einmal im Ansatz zu erkennen und entwickelte sich auch nicht im Laufe des Konzils. Hinzu traten weitere Hemmnisse und Hindernisse. Die Zahl der Konzilsväter war viel zu hoch, um fruchtbare Arbeit leisten zu können. Gute Gesetzgebung verlangt eine kleine Zahl von Fachleuten und einen entschiedenen Willen. Die meisten Bischöfe waren nicht in der Lage, Eigenes zu den anstehenden Fragen beizutragen. So hielten sie sich an die Stimmführer unter den Bischöfen und Theologen; diese aber waren ganz überwiegend von progressistischen Maximen bestimmt. So ging auch das Konzil in diese Richtung. Mein Lehrer Mörsdorf war Konzilsperitus und beobachtete das Geschehen vor Ort. Er äußerte die Meinung: „Das Konzil wird von der Presse geführt.“ Das ist ein vernichtendes Urteil für eine Zusammenkunft, die in Anspruch nimmt, im Heiligen Geist versammelt zu sein.

Das Konzil hat zahlreiche und umfangreiche Papiere verabschiedet. Darin ist viel Wertvolles, Richtiges und Förderliches ausgeführt. Doch die Produktion von Papieren ist nicht imstande, Leben zu wecken, zu fördern und zu erhalten. Außerdem sind die zahlreichen darin enthaltenen Formelkompromisse, Unklarheiten und Verweise auf die nachkonziliare Entwicklung zu ihrem Teil verantwortlich für das Entstehen der Verhältnisse, wie sie heute vorliegen.

Meine Befürchtungen verstärkten sich von Sitzung zu Sitzung der Konzilsväter. Die von Papst Johannes XXIII. angesprochenen „Unheilspropheten" sollten in einer ungeahnten Weise Recht bekommen. Ein „Pastoralkonzil" muss sich an seinen pastoralen Erfolgen messen lassen. Sie sind völlig ausgeblieben. Die Verhältnisse in unserer Kirche entwickelten sich so, dass Mörsdorf zu mir sagte: „Wir bekommen Zustände wie im Protestantismus." Damit meinte er die allgemeine Auflösung: zuerst der Disziplin, dann des Glaubens, schließlich der Sitten. Es kann überhaupt keinen Zweifel geben, dass das Konzil mit seinen zahlreichen Auslassungen, Abschwächungen und Erleichterungen eine Schleuse geöffnet hat, die nicht mehr geschlossen werden konnte. Diese Beobachtung gilt für alle Gebiete des kirchlichen Lebens, angefangen vom Gottesdienst über das Verhältnis zu den Nichtkatholiken bis zur Glaubenslehre.

Eine äußerst gefährliche Entwicklung wurde eingeleitet mit dem Rätesystem. Die Vorgaben des Konzils erschienen zunächst harmlos. Was daraus in Deutschland gemacht wurde, grenzte an die Umstülpung der Kirchenverfassung. Die „andere Hierarchie" ist zu einer Bedrohung für jeden Hirten geworden, der an Lehre und Ordnung der Kirche festzuhalten gewillt ist. Die Vorgänge in mehreren Diözesen, die zum Rücktritt sogenannter „konservativer" Bischöfe führten, zeigen, zu welchen Ergebnissen der Druck der Räte führen kann. Wiederholt bezog ich Stellung zu diesem erregenden Geschehen.

Die in Ausführung des Konzils vorgenommene Überarbeitung des kirchlichen Gesetzbuches brachte geringfügige Verbesserungen, mehrheitlich unglückliche oder bedenkliche

Änderungen. Auch dazu habe ich mich mehrfach geäußert und kann darauf verweisen. Die wiederholten Eingriffe von Päpsten in den revidierten Codex Iuris Canonici scheinen darauf hinzudeuten, dass ihm kein langes Leben beschieden sein wird. Für den Lehrer des Kirchenrechts bedeutete die Revision des Gesetzbuches eine beträchtliche Umstellung. Die Vorlesungen mussten total umgearbeitet werden. Die Veröffentlichung einer Ausgabe des CIC mit deutscher Übersetzung schien den Studierenden die Benutzung des originalen lateinischen Textes zu ersparen, verhinderte aber zu ihrem Teil die Arbeit an der Rechtssprache, auf die Mörsdorf so großen Wert gelegt hatte.

Vielleicht die auffallendste Erscheinung für den beginnenden Niedergang der Kirche waren die mit der Ankündigung des Konzils einsetzenden Austritte aus dem Priester- und dem Ordensstand, die sich im Laufe des Konzils verstärkten und nach seinem Abschluss einen traurigen Höchststand erreichten. Sie lieferten die erschütternde Bestätigung der Befürchtungen, die weitschauende Priester und Mitglieder der römischen Kurie ausgesprochen hatten oder in ihrem Herzen trugen. Es zeigte sich: Die Hauptbetroffenen von den Umwälzungen in der Kirche waren die Priester. Vielen von ihnen schien der Boden, auf dem sie standen, also Glaube und Ordnung der Kirche, entzogen. Zehntausende zogen die Folgerung, das Priestertum aufzugeben, flohen aus unserem „Abendmahlssaal", wie sich Papst Paul VI. ausdrückte.

Im Konzil sind die Personen, Kräfte und Tendenzen hochgekommen, die den beklagenswerten Zustand der heiligen Religion herbeigeführt haben. Viele unternahmen es, das Konzil von den schlimmen Vorgängen freizusprechen, und behaupteten, ohne das Konzil wäre alles noch schlimmer geworden. Diese versuchte Entlastung ist nicht möglich. Es kann kein Zweifel sein, dass der nachkonziliare Zusammenbruch in der katholischen Kirche ausgelöst wurde vom

Konzil, von Konzilsvätern und Konzilstheologen, von seinen Begleiterscheinungen und Nachwirkungen. Der Kausalnexus lässt sich bei jedem einzelnen Gegenstand nachweisen.

2. Die Gemeinsame Synode der Bistümer Deutschlands

Von 1971 bis 1975 tagte in Würzburg die „Gemeinsame Synode der Bistümer in der Bundesrepublik Deutschland". Sie hatte angeblich die Aufgabe, die Vorgaben des Zweiten Vatikanischen Konzils in den deutschen Bistümern umzusetzen. Tatsächlich wurde sie der Schauplatz für Neuerer und Systemveränderer, welche die katholische Kirche dem Protestantismus anzunähern unternahmen. Sie gedachten, die Versammlung für die Durchsetzung ihrer progressistischen und modernistischen Ansichten zu benutzen. Das ganze Unternehmen war falsch strukturiert. Hier konnten sich Leute als „Rechtsetzer" betätigen, denen jede Kompetenz zu solchem Tun fehlte; die wahren Gesetzgeber der Kirche, die regierenden Bischöfe, waren leicht zu überstimmen. Die Versammlung verlief in den Bahnen des Progressismus und Modernismus. Einzelne Setzungen der „Synode" waren nicht nur missraten, sondern glaubenswidrig.

Die führende Rolle von Theologen wie Rahner, Kasper, Böckle und Fries ließ keine andere Richtung der „Synode" zu. Die wenigen „konservativen" Mitglieder konnten den Trend zum Abbau nicht stoppen. Als in der Vorbereitung des Unternehmens überlegt wurde, wer von den Theologen dazu berufen werden sollte, wurde auch der Name von Hans Küng genannt. Der Kollege Heinrich Flatten konterte mit der Entgegnung: „Wenn Küng, dann aber auch May."

Döpfner schied beide von der Mitgliedschaft aus. Damit tat er mir den Gefallen, dass ich nicht eine etwa angetragene Teilnahme hätte ablehnen müssen.

Selbstverständlich steht in den zahlreichen von der „Synode" verabschiedeten Papieren auch viel Richtiges und Beherzigenswertes. Aber dies ist nicht wirksam geworden, sondern das Falsche und Abweichende. Die Einzelheiten meiner Kritik habe ich mehrfach mündlich und schriftlich vorgebracht und kann darauf verweisen. Die „Synode" kostete viel Geld. Aber den Bischöfen war es die Sache wert. Das Fazit der „Synode" kann nur heißen: Sie war von Anfang an überflüssig und ist in ihrem Ergebnis schädlich. Die Würzburger „Synode" hat am (beschleunigten) Niedergang der Kirche in Deutschland ihren gerüttelten Anteil. Einer meiner Studenten, Priesterkandidat, der Mitglied der „Synode" war, verließ das Priesterseminar. Von „Synoden" dieser Art ist für die Zukunft Schlimmes zu befürchten.

Beginnend mit dem Konzil wurde die Kirche unaufhörlich mit Skandalen und Protesten von Theologieprofessoren in Atem gehalten. Es genügt, die Namen Pfürtner, Pesch, Greinacher und Küng zu nennen, um an die Ärgernisse und Unzuträglichkeiten zu erinnern, die mit ihrem Wandel oder ihren Publikationen verbunden sind. Zahlreiche Professoren fanden sich dutzendmal zu öffentlichen Protesten gegen Lehre und Ordnung der Kirche zusammen (z. B. die „Kölner Erklärung" 1989) oder eröffneten agitatorische Unterschriftenaktionen gegen Lehramt und Dogma („Kirchenvolksbegehren"). Ihre Einwendungen zielten stets auf Positionen, die mit ihrem Liberalismus nicht zu vereinbaren waren und daher abgeschafft werden sollten. Die Gläubigen waren beeindruckt, betrübt oder verwirrt. Die Abwendung von der Kirche und der Verlust des Glaubens zahlreicher katholischer Christen haben in der Auflehnung von Theologieprofessoren ihre Ursache.

XX.

Einzelne Gebiete des Geisteskampfes

1. Der Ökumenismus

Der vom Konzil ausgerufene sogenannte „katholische Ökumenismus" ist die Hauptursache für die seit Jahrzehnten vor sich gehende Protestantisierung der katholischen Bevölkerung und damit eine treibende Kraft der Selbstzerstörung der Kirche. Er ist verantwortlich für die Abschwächung der Glaubenslehre, die Auflehnung gegen die Sittenlehre und die Missachtung der Ordnung der Kirche. Die Kirche, die nur eine von vielen sein will, die ihre Einzigartigkeit und grundsätzliche Alleinberechtigung vor Gott preisgibt, gräbt sich selbst das Grab. Die von Papst Pius XI. in der Enzyklika „Mortalium animos" vom 6. Januar 1928 vorgelegten Grundsätze über den Umgang mit Nichtkatholiken sind mitnichten überholt.

2. Die Orden

Vielen katholischen Christen galt das Ordenswesen als eine Zierde und eine Stärke der Kirche. Das Konzil und was mit ihm zusammenhängt ergriff die Orden auf ihre Weise.

In den allermeisten klösterlichen Verbänden und ähnlichen Gemeinschaften spielten sich dramatische Vorgänge ab. Die Zucht und der Gehorsam, die einst die Bürgschaft für Einsatz und Erfolg der Zusammenschlüsse waren, lockerten sich fast überall oder lösten sich auf. Zahlreiche Austritte und äußerst seltene Eintritte dezimierten die Vereinigungen; sie mussten eine Niederlassung nach der anderen aufgeben und zahlreiche ihrer Tätigkeiten einstellen. Die alten Orden wie Franziskaner und Kapuziner verloren ihre Anziehungskraft und hörten auf, prägend für das Erscheinungsbild der Kirche zu sein. Der Nachwuchs blieb aus. Der Jesuitenorden brach innerlich und äußerlich zusammen. Alle, die wie ich Freunde dieses Verbandes waren, sahen die schlimmen Folgen für die Kirche voraus. Dem Moraltheologen Josef Fuchs SJ in Rom sagte ich ins Gesicht: „Früher wart ihr (Jesuiten) die erste Legion; jetzt seid ihr die fünfte Kolonne." Er zuckte mit den Achseln.

Dem Diözesanklerus wurde durch den Niedergang der klösterlichen Verbände eine unentbehrliche Hilfe der Seelsorge entzogen. Für Aushilfe und Vertretung standen immer weniger Priester zur Verfügung. Die Volksmissionen waren weithin nur noch eine Erinnerung an die Vergangenheit. Die auswärtigen Missionen bluteten aus. Unentbehrliches ging der Kirche verloren durch die Abnahme und den Schwund der weiblichen klösterlichen Verbände. Die Ordensschwestern verschwanden aus Kliniken, Kinderheimen und Altenheimen. Ihre Dienste an Leib und Seele zahlreicher Menschen fielen dahin. Die Pfarrer verloren die Unterstützung der Schwestern in der Seelsorge.

Es musste so kommen. Die nachkonziliare Verkündigung hatte für Jungfräulichkeit und Gelübde, für Überwindung und Selbstverleugnung wenig Sinn, viel mehr für das Ausleben der Geschlechtlichkeit. Die pausenlosen Attacken gegen die Ehelosigkeit (Zölibat) mussten das Ideal und den evangelischen Rat des Verzichts um des Gottesreiches willen als überflüssig oder überholt erscheinen lassen.

3. Die Liturgie

Als ein Bumerang erwies sich die vom Konzil in Gang gesetzte und von der nachkonziliaren Bewegung weit über und gegen die konziliaren Vorgaben getriebene Umwälzung des Gottesdienstes der Kirche. Die zahllosen Veränderungen, der Entfall vieler Übungen, der Verlust der lateinischen Sprache, der Einzug des Unernstes in den Gottesdienst schlugen viele Gläubige vor den Kopf. Als Ergebnis der Umgestaltung des Gottesdienstes waren die Verärgerung zahlloser Gläubiger, der Auszug aus der Messe oder gar aus der Kirche, die Verflachung der Messteilnehmer, die Minderung der priesterlichen Frömmigkeit zu konstatieren.

Unter den kenntnisreichen, nachdenklichen und zugleich mutigen Gläubigen regte sich Widerstand. Pater Gerhard Hermes gründete die Zeitschrift „Der Fels", die sich für die Bewahrung des dogmatischen und spirituellen Erbes der Kirche aussprach. Er beteiligte mich daran von Anbeginn. Einige Laien und Priester schlossen sich zu der Vereinigung „Una Voce" zusammen, die eine (bis heute bestehende) Schrift herausgab und jedes Jahr eine öffentliche Versammlung abhielt. Mehrfach durfte ich dabei sprechen. Eine beträchtliche Anzahl katholischer Professoren der Universität Mainz, wohl die Mehrzahl der praktizierenden Katholiken mit Rektor Leicher an der Spitze, schloss sich zu einem Appell an den Diözesanbischof zusammen, in dem sie gegen die sogenannte „Liturgiereform" Protest einlegten. Diese Kundgebung war Bischof Volk außerordentlich peinlich. Er war ja als Progressist ein lebhafter Beförderer der Umgestaltung des Gottesdienstes. Heftig rügte er den verantwortlichen Redakteur der katholischen Bistumszeitung, Pfarrer Dr. theol. Jakob Bergmann, dass er die Nachricht von dem Protest überhaupt in sie aufgenommen hatte. Volk setzte ein Treffen mit den Gelehrten an. Er war der Meinung, der Widerstand gegen die Liturgiereform könne nur aus Unkenntnis und Unverständnis der Motive und der Einzelheiten der Neuerungen hervorgehen. Doch diese Einschätzung traf nicht zu. Die Kollegen, die sich gegen die Änderungen wandten, kannten beides und waren überzeugt, dass sie den Umsturz nicht rechtfertigten. Die Begegnung mit den Professoren blieb eine Episode, die nichts an der Lage änderte. Man fuhr weiter fort, die Kirche zu verarmen und die Gläubigen vor den Kopf zu stoßen. Nicht wenigen Liturgen und Liturgieausschüssen gingen die Veränderungen des Gottesdienstes nicht weit genug und sie setzten sich mit eigenmächtigen Abwandlungen darüber hinweg. Der Novus Ordo der Messfeier steht vielerorts nur auf dem Papier.

Papst Paul VI. hatte eine klare Erkenntnis, was sich in der nachkonziliaren Kirche zutrug. Er sprach vom „Rauch Satans“, der in die Kirche eingedrungen sei, und von der „Gefahr der Selbstzerstörung“, die er sah. Aber er war weder gewillt noch imstande, das Ruder herumzureißen. Mein Landsmann Carlo Bayer in Rom kommentierte sein Verhalten: „Der Papst sitzt in Castel Gandolfo und weint; aber das hilft doch auch nichts.“

Von Anfang an stellte ich mich dem Abbau und der Zersetzung auf allen Gebieten des kirchlichen und religiösen Lebens mit Wort und Tat entgegen und sprach meine Besorgnisse in zahlreichen Vorträgen, Aufsätzen und Büchern aus. Viel Mühe und Anstrengung verwandte ich auf den Versuch, aus der Konkursmasse der sogenannten „Liturgiereform“ zu retten, was zu retten war – vergeblich. Meine

Mutter erklärte mir wiederholt: „Du kannst es allein auch nicht aufhalten." Nun war ich zwar nicht allein, aber die mit mir wirkten, waren genauso schwach, ja ohnmächtig, überdies ausgegrenzt und verfemt.

Hochamt im tridentinischen Ritus (Confiteor), 50-jähriges Priesterjubiläum (2001)

XXI.

Beendigung der Lehrtätigkeit

Über drei Jahrzehnte hatte ich in Mainz gelehrt und geforscht. Mit Vollendung des 68. Lebensjahres war die Grenze der aktiven Tätigkeit erreicht. Nach dem Sommersemester 1994 wurde ich emeritiert. Auf die von Dekan Marius Reiser vorgeschlagene solemne Abschlussvorlesung verzichtete ich und begnügte mich mit einem letzten Fachvortrag. Als emeritierter Professor hätte ich weiterhin Vorlesungen und Seminare anbieten können. Doch bestand dafür kein Bedarf und ich verzichtete darauf. Die wissenschaftliche Arbeit in der Forschung ging weiter. Das Geschehen an der Fakultät beobachtete ich aus der Ferne, allerdings mit wachsender Besorgnis. An Veranstaltungen nahm ich nicht mehr teil. Meine Nachfolgerin wünschte keinen Kontakt mit mir. Das Arbeiten in der Universität behielt ich bei, obwohl für die Emeriti keine irgendwie geartete Vorsorge getroffen war. Ich suchte einen Platz in einem der Räume der Bibliothek der Fakultät oder im Studiersaal der Rechtswissenschaftlichen Fakultät. Hilfskräfte hatte ich nicht mehr. Frau Dr. Egler stand mir jedoch gut- und freiwillig zur Seite. Gewöhnlich besoldete ich einen Studenten, der mir Dienste leistete, wie die Beschaffung von Literatur. Aber auch dies hat seit Jahren aufgehört.

Nach und nach verlor ich meine nächsten Angehörigen, die mir im Zeichen des Glaubens in die Ewigkeit vorangingen. Der Vater starb am 4. Oktober 1971. Er wurde noch von Professor Kümmerle wegen Darmkrebs operiert, konnte aber nicht mehr zu Kräften kommen. Kümmerle erklärte mir: „Es war zuviel für ihn." Die Mutter starb am 6. Januar 1988. Sie litt wohl auch an Krebs, starb aber an geschwächtem Herzen. Professor Kümmerle, der sie viele Jahre vor ihrem Tod an der Galle operiert hatte, sagte zu mir: „Über diese Galle sind manche Stürme hinweggegangen." Die Eltern starben gottergeben. Der Bruder starb am 18. Dezember 2007. Er musste viel leiden wegen eines Schlaganfalls, wurde aber

Grab der Eltern, Friedhof Budenheim

aufopferungsvoll gepflegt von seinem Sohn Thomas, während der andere Sohn, Matthias, die gesetzliche Betreuung übernommen hatte. Seine Frau Carmen war ihm bereits am 19. Dezember 2002 im Tod vorausgegangen. Die Schwester starb am 25. Mai 2009. Sie hatte eine beginnende Demenz und brachte deswegen die letzte Zeit in einem Seniorenheim in Gensingen zu. Wiederholt besuchte ich sie und betete mit ihr. Die Großmutter hatte wiederholt den Wunsch ausgesprochen: „Ich möchte alle meine Angehörigen in der Ewigkeit um mich haben." Ich hoffe zu Gott, dass ihr dieser Wunsch erfüllt wird.

Am 17. August 1989 starb mein Lehrer Klaus Mörsdorf. Er hatte die starke Stellung, die er in der Fakultät besessen hatte, solange Schmaus und Pascher an seiner Seite standen, verloren. Seine letzten Jahre waren von Gram erfüllt. Leider baute er geistig sehr ab. Als ich ihn besuchen wollte, riet mir Winfried Aymans davon ab. Er meinte, es sei kein Gespräch mit ihm möglich. An seiner Beerdigung nahm ich teil. Den Gottesdienst in Gauting hielt der Münchener Weihbischof Ernst Tewes. Dabei traf ich viele Kollegen und Freunde wie Leo Scheffczyk und Josef Scharbert.

Als ich mich Michael Schmaus, der im Rollstuhl saß, vorstellen wollte, sagte er leicht vorwurfsvoll: „Aber Herr May, Sie sind doch mein Schüler!" Das Werk, auf das Mörsdorf stolz war, die Errichtung des Kanonistischen Instituts, verlor seinen Titel und fristet sein Dasein als „Klaus-Mörsdorf-Studium".

Im Folgenden stelle ich noch einige Seiten oder Beziehungen in meinem Leben dar, die mich beschäftigt oder affiziert haben.

XXII.

Freunde

Mein ganzes Leben lang unterhielt ich Freundschaften. Die älteste Freundschaft mit meinem Schulkameraden Klaus Schubert (der am selben Tag und im selben Jahr wie ich geboren wurde) aus Kindertagen währte bis zu seinem frühen Tod (1982). Wir trafen uns immer wieder, wenn er als Mitglied der Filmselbstkontrolle in Wiesbaden weilte. Einmal besuchten wir eine Aufführung des „Fliegenden Holländer". Gelegentlich war ich Gast in seinem Haus in Kelheim (Bayern).

Wilhelm Erben war mir bekannt aus seiner vierjährigen Kaplanstätigkeit in Reichenbach. Ende 1945 traf ich ihn wieder in Breslau und blieb seit dieser Zeit mit ihm in Verbindung. Er hielt die Predigt bei meiner Primiz. Gelegentlich begegnete ich ihm, so bei der Jugendwallfahrt nach Neuzelle und bei der Durchfahrt in Leipzig. Zu seinem Silbernen Priesterjubiläum hielt ich ihm im Benediktinerkloster Rohr (Bayern) die Predigt. Er besuchte mich in Budenheim noch kurz vor seinem frühen Tod. Erben verdanke ich die intensive Verehrung der heiligen Engel, die er selbst übte. Dafür ein Beispiel: Er fuhr jedes Jahr zu Weihnachten in das Sperrgebiet der DDR im sächsischen Erzgebirge, wo Uran für die Atombombe gefördert wurde, um den heimatvertriebenen Katholiken, die der Seelsorge entbehrten, Gottesdienst zu halten. Der Zutritt war nur mit besonderer Erlaubnis gestattet. Erben hatte eine solche nicht. Als ich ihn fragte, wie er dennoch in das Gebiet hineinkomme, gab er zur Antwort: „Ich fahre mit den heiligen Engeln."

In freundschaftlicher Verbundenheit stand ich mit den drei schlesischen Priestererziehern Paul Ramatschi, Erich Puzik und Erich Kleineidam. Alle drei besuchten mich, als ich – ohne mein Zutun – nach München zurückkehrte und danach eine Bleibe in Mainz bzw. Budenheim fand. In der Breslauer Studienzeit war ich befreundet mit Anton Kriesten. Er stammte aus der Grafschaft Glatz. Wir blieben nach der Vertreibung in lockerer Verbindung. Er wurde ein Jahr vor mir in Neuzelle zum Priester geweiht und zur seelsorglichen Verwendung dem Bistum Meißen (Borna) überlassen. So fügte es sich, dass er Kaplan in Riesa war, als ich dort am 8. April 1951 meine Primiz feierte. Später verbrachten wir einen gemeinsamen Urlaub in Blankenburg im Harz. Als sein Herz den anstrengenden Dienst in der sächsischen Diaspora nicht mehr mitmachte, siedelte er nach Hessen um. So konnten wir erneut Verbindung miteinander aufnehmen. Dort erreichte ihn der Tod (1973).

Ein beständiger Freund aus meiner Fuldaer Zeit war Rudolf Bauschke. Der gute Kamerad war viele Jahre in der Wehrmacht gewesen, wo er zum Oberleutnant aufgestiegen war. Er verstand es zu organisieren. So besorgte er mehreren seiner Mitbrüder einen Aufenthalt während der vorlesungsfreien Zeit bei Bauersleuten in Kirchhasel und Roßbach (Kreis Hünfeld). Wir blieben in Verbindung. Er besuchte mich in Mainz und freute sich kindlich, als ich ihn in einem Lokal zum Mittagessen einlud. Ebenfalls in Fulda war ich brüderlich verbunden mit dem aus Berlin stammenden Hans Rupprecht. Er war älter als ich und erfahrener. Solange es bestand, hatte er das Gymnasium am Lietzensee besucht. Rupprecht war ein vorbildlicher Alumne und philosophischer Kopf. So beschäftigte er sich lange und ausgiebig mit dem Kausalgesetz.

In Fürstenried bot mir Kurt Schläger seine Freundschaft an; ich willigte ein. Schläger stammte aus Prag. Sein Vater war Christ, die Mutter Jüdin, die mehrere Jahre im KZ Theresienstadt verbrachte. So musste er in der Zeit, da Böhmen von Deutschland beherrscht war, Dienst tun in der Organisation Todt. Wir verstanden uns gut. Leider ging er an einem Gehirntumor zugrunde. Im Wintersemester 1949/1950 zogen wir Alumnen aus Fürstenried nach München um. Da das Georgianum die Zahl der Kandidaten nicht fasste, wurden einige in einem Haus in der Königinstraße untergebracht. Dort teilte ich das Zimmer mit Wunibald Hitzler, einem Studenten aus dem bayerischen Schwaben. Hitzler war ein gläubiger und frommer, absolut integrer und vorbildlicher Priesteramtskandidat. Wir wurden Freunde, die über alle Wechselfälle des Lebens miteinander verbunden blieben durch Briefe und Besuche. Er war lange Zeit Pfarrer in Bissingen, bis ihn sein Diözesanbischof zum Pfarrer der Kirche St. Afra in Augsburg machte. Erst sein Tod (2019) trennte uns, irdisch gesehen.

Ein guter Freund war Willi Ülhof, ein Paderborner Priester. Wir lernten uns kennen, als er am Kanonistischen Institut in München die Spezialausbildung machte. Er war lange Zeit Soldat gewesen und Funker im Hauptquartier Hitlers in Ostpreußen. Er wurde dann Offizial und Kirchenrechtsprofessor an der Hochschule in Paderborn. Häufig rief er mich an zu langen Gesprächen. Er war nicht glücklich in seiner Position, fühlte sich wohl mehr zum Seelsorger berufen. Die Umwälzungen in der Kirche lehnte er radikal ab. Ülhof war kränker, als er und wir ahnten. Nach einem arbeitsreichen Vormittag legte er sich nieder zu einem Schlaf, aus dem er nicht mehr erwachte.

Mehrere Freundschaften hatten ihren Grund in dem Kampf für die Erhaltung der Schätze unserer Kirche. Josef Auda war geistlicher Studienrat im Ruhrgebiet, eine anima candida und ein treuer Diener Christi. Wir fanden zusammen durch die gemeinsame Sorge um unsere Kirche. Er besuchte mich mehrfach, wir trafen uns auch in Bad Wörishofen. Wir blieben in Verbindung bis zu seinem Tod (1991).

Zwischen dem hochbegabten Pallottinerpater Gerhard Hermes und mir bestand ein vertrauensvolles und freundschaftliches Verhältnis. Krieg und Gefangenschaft hatten ihn zu dem unerschrockenen Priester geformt, als der er in der Nachkonzilszeit bekannt wurde („Du kommst nach Hause"). Er rief, wie erwähnt, die Zeitschrift „Der Fels" ins Leben, die sich die Erhaltung von Glauben und Ordnung in der Kirche zum Ziel setzte, und lud mich zur Mitarbeit ein. Schon in der ersten Nummer kam ich seinem Wunsch nach. Wir blieben in Verbindung bis zu seinem Tod (1988). Wilhelm Schamoni war ein hochsinniger geistlicher Schriftsteller. Er erkannte als einer der Ersten den falschen Zungenschlag der „Reformer". Schamoni begründete die Zeitschrift „Theologisches", die sich rasch zu einem bedeutenden Organ der auf Erhaltung von Lehre und Disziplin der Kirche bedachten Kreise entwickelte. Mit Schamoni und seinen Nachfolgern verband mich ein vertrauensvolles und konfliktfreies Verhältnis.

Ein treuer Freund war Erich Hornig in Graz. Er war Delikatessenhändler und Vater von vier Töchtern. Den Krieg hatte er als Gebirgsjäger an der Eismeerfront erlebt.

Mit Erich Hornig (1989)

Aus dieser Zeit stammt ein für ihn bezeichnendes Erlebnis. Beim Rückzug der deutschen Truppen machte seine Einheit zwei russische Gefangene. Der Kompaniechef gab ihm den Befehl, sie „zu erledigen". Hornig ging mit ihnen abseits, gab mehrere Schüsse in die Luft ab, ließ die Gefangenen laufen und meldete den Vollzug des Befehls. Der Oberleutnant sagte zu ihm: „Das hätte ich Ihnen nicht zugetraut, Hornig."

Wir traten in Verbindung im Zusammenhang mit dem „Kirchenkampf", also in dem Bemühen, den Glauben, die Ordnung und das liturgische Erbe der Kirche zu erhalten. Hornig bat mich, in Graz die Predigten in einem Triduum zu halten. Die von ihm daran geknüpften Erwartungen erfüllten sich nicht, konnten sich nicht erfüllen. Wir besuchten uns gegenseitig; mehrfach lud er mich ein, mit ihm und seiner Frau Kirchen und Klöster in Österreich zu besichtigen. So kam ich nach Göttweig, Melk und Geras. Erst der Tod beendete unsere Gemeinschaft der Gesinnung und der Besorgnis.

Frühzeitig nach dem Konzil kam ich in Verbindung mit Albert Tinz. Er war ein begnadeter Musiker und gelangte von daher zur Wertschätzung der Tradition und zum Bemühen um ihre Erhaltung. Albert Tinz war ein Mann der ersten Stunde, der die Entleerung und Ummodelung des Gottesdienstes wahrnahm und bald auch die übrigen unglücklichen Veränderungen in Lehre und Leben der Kirche registrierte. Es war seine Tat, dass er die „Una Voce Korrespondenz" als Organ der auf Bewahrung des katholischen Erbes bedachten Kreise begründete. Jedes Jahr lud er zu einer Tagung mit gehaltvollen Vorträgen ein. Mehrmals durfte ich dabei reden. Tinz suchte auch Kontakte zur Hierarchie, kam dort aber schlecht an. Wir hatten ein vertrauensvolles und freundschaftliches Verhältnis miteinander. Ihm widmete ich die Schrift „Der Glaube in der nachkonziliaren Kirche", die wiederholt aufgelegt und ins Niederländische übersetzt wurde. Sein Tod (1982) war ein Verlust, der nicht ausgeglichen werden konnte.

Prof. Dr. Walter Hoeres

Ein vertrauter, lieber Freund und Kollege war Walter Hoeres. Er war ein Philosoph von seltener Spannweite. Hoeres war in der mittelalterlichen Philosophie und in der Philosophie der Neuzeit in gleichem Maße zu Hause. Seine Bücher waren echte Fundgruben für einen Theologen, der die Bedeutung der Philosophie für die Theologie erfasst hat. Hoeres war in dem sich entwickelnden „Kirchenkampf" zwischen Glaube und Unglaube jahrzehntelang ein wahrer Defensor fidei. Unerschrocken und gelehrt bezog er unermüdlich Stellung, um Lehre und Ordnung der Kirche zu verteidigen. Hunderte von Aufsätzen, Leserbriefen und anderweitigen Veröffentlichungen sind ihm zu verdanken Ihm lag nichts an Anerkennung und Reputation. Er wollte allein seiner Kirche, der Wahrheit, der Offenbarung, der Tradition dienen. Er hat es bis zum letzten Atemzug getan (2015).

Ein vertrauensvolles Verhältnis entwickelte sich zwischen mir und dem Hauptlehrer Hartwig Groll. Er diente jahrelang meiner Gemeinde als Organist und nahm meine Predigten auf. Ich fand zu ihm, als ich eine treffende Leserzuschrift aus seiner Feder in der Zeitung las. Groll war eine starke Persönlichkeit, furchtlos, mutig und einsichtsvoll. Er hatte das

Noviziat bei den Kapuzinern gemacht, war aber von der Absicht, in den Orden einzutreten, abgekommen. Er war dann Lehrer und ein echter Laienapostel geworden. Durch eigenes Nachdenken, ohne jede Beeinflussung von meiner Seite, hatte er den selbstverschuldeten Niedergang des kirchlichen Lebens erkannt.

Hauptlehrer Hartwig Groll

Die Witterung machte ihm nichts aus, um den Gottesdienst zu besuchen. „Ich fahre bei jedem Wetter“, erklärte er mir. Zweimal fasste er meine Predigten in einem Sammelband zusammen. Groll war fromm und demütig. Wiederholt bekannte er, kein guter Lehrer gewesen zu sein, wohl weil er rückschauend meinte, zu streng gewesen zu sein. Mehrere Jahre war er hinfällig und lebte im Altenheim Gensingen, wo ich ihn wiederholt besuchte.

Pfarrer Ludwig Beier

Mit mehreren Mainzer Pfarrern bestand ein Verhältnis gegenseitigen Verstehens und Vertrauens. Als ich 1960 nach Mainz kam, warb mich der Pfarrer Rudolf Fischer-Wollpert für die Zelebration in der Pfarrei St. Bonifaz. Gern sagte ich zu und tat fortan Dienst in der Kirche St.

Bonifaz, hielt werktags die Acht-Uhr-Messe, übernahm einen Gottesdienst am Sonntag und verwaltete jeden Samstag das Bußsakrament. Sein Nachfolger war Ludwig Beier, ein echter Mainzer. Er war jahrelang Soldat gewesen, die längste Zeit in Frankreich. Nach Beendigung des Krieges verbrachte er einige Zeit im Priesterseminar der Kriegsgefangenen in Chartres. Wir verstanden uns gut. Mit ihm und Pfarrer Johannes Hasslinger unternahm ich eine Fahrt nach Frankreich, die uns über Ars nach La Salette führte. Als ich nach Budenheim umzog, hielten unsere Beziehungen an, bis der Tod ihn heimholte (1998). Über den Organisten der Kirche St. Bonifaz in Mainz war ich freundschaftlich verbunden mit der Familie Schöche. Gelegentlich unternahmen wir an Sonntagnachmittagen kleine Ausflüge in Ortschaften am Rhein.

Pfarrer Guido Becker (rechts)

Guido Becker war viele Jahre Dompfarrer in Mainz. Wir kamen früh in Kontakt durch unsere gemeinsamen Sorgen bezüglich des Glaubens und der Kirche. In jedem Jahr lud er einen Kreis Gleichgesinnter zum Großen Gebet in der Kirche St. Quintin ein. Es schloss sich ein gemütliches Beisammensein im Pfarrhaus an. Nach seiner Pensionierung machte er sich vielfach nützlich. Eine Zeitlang weilte er in Aktjubinsk (Kasachstan). Seine Hilfstätigkeit war vielfältig. Später stieß er zu den Servi Jesu et Mariae (SJM) in Blindenmarkt (Österreich) und diente ihnen als Spiritual. Er war ein erfolgreicher Volksschriftsteller, vor allem aber ein lauterer Priester und ein treuer Freund.

Ein herzliches Verhältnis hatte ich zu Alfred Mann, dem Pfarrer von Kiedrich im Rheingau. Er war ein hochbegabter Priester, der in Rom den akademischen Grad eines Dr. theol. erworben hatte, und zwar mit einer Dissertation, die Klaus Mörsdorf der Erwähnung in seinem großen Werk „Lehrbuch des Kirchenrechts" für würdig befand. In der katholischen Jugend in Frankfurt aufgewachsen, hatte er den Reichsarbeitsdienst absolviert und von 1937 bis 1940 in St. Georgen/ Frankfurt Theologie studiert. Am Zweiten Weltkrieg nahm er von 1940 bis 1945 hauptsächlich im Osten als Angehöriger der Sanitätstruppe teil und hat seine Erlebnisse schriftlich niedergelegt. Im Oktober 1948 empfing er die Priesterweihe. Von 1949 bis 1952 studierte er in Rom das Kirchenrecht. Die Diözese Limburg machte sich seine dort erworbenen Kenntnisse nicht zunutze. Nach der Rückkehr in die Heimat war er zunächst Domvikar, danach Pfarrer in Griesheim und in Kiedrich. Dort lernte ich ihn kennen. Dreimal im Jahr – vor Ostern, zum Valentinusfest (im August) und vor Weihnachten – bat er mich um Aushilfe bei der Spendung des Bußsakraments. Gewöhnlich hatte ich dort vier bis fünf

Wallfahrt in Kiedrich beim Valentinsfest mit Pfarrer Dr. Alfred Mann (1973)

Stunden zu tun. Daran schloss sich ein vertrauliches Zusammensein. Gelegentlich lud er mich zu einer Wanderung ein, z. B. in den Spessart und zur Grube Messel. Bei dem festlich begangenen Valentinusfest mit seiner großartigen Prozession durfte ich wiederholt die Predigt halten. Als Mann sein 50-jähriges Priesterjubiläum beging, trug er mir die Festpredigt an. Ohne Schmeichelei oder Übertreibung baute ich sein verdienstvolles Wirken in die Verkündigung des Wortes Gottes ein. Mann erklärte mir nach dem Gottesdienst in der Sakristei: „Alles, was du gesagt hast, ist wahr." Mann wäre fähig und geeignet gewesen, andere Positionen in der Diözese oder überhaupt in der Kirche einzunehmen als das Pfarramt. Ohne sein Wissen empfahl ich ihn dem Apostolischen Nuntius als Bischof von Limburg, als der Bischofsstuhl dieser Diözese frei wurde (1981). Aber dazu kam es nicht.

Mann war ein selbstständiger Geist, der sein wohlerwogenes Wort in die Debatte warf. Er hatte den „Nachteil", feste Überzeugungen zu haben und zu ihnen zu stehen. Mit einer solchen Haltung „wird" man nichts. Mann begrüßte das Zweite Vatikanische Konzil und machte alle befohlenen oder empfohlenen Änderungen mit. Aber als er ihre Auswirkungen bemerkte, wandelte sich seine Einstellung. In der Ansprache zu Tisch bei seinem goldenen Jubiläum erklärte er frank und frei: „Der behauptete Aufbruch durch das Konzil und nach dem Konzil ähnelt mehr einem Zusammenbruch als einem Aufbruch." Mann, der mir zunächst die Zelebration der neuen Messe nahegelegt hatte, würdigte jetzt die Feier der „alten" Messe und beteiligte sich an deren Angebot in Wiesbaden. Er bezeichnete die Feier der tridentinischen Messe als Zelebration „in Fahrtrichtung". Wir blieben auch nach seiner Pensionierung in Verbindung. Sein Tod (2002) berührte mich tief. Ich hatte einen guten Kameraden verloren.

Als Kämpfer gegen den Modernismus in der Kirche lernte ich den Pfarrer Hans Milch in Hattersheim kennen. Manchen erschien er als ein Prophet. Rudolf Krämer-Badoni versicherte mir: „Solche Predigten habe ich noch nicht gehört." Gelegentlich vertrat ich ihn im Gottesdienst und diente ihm als Beichtvater. Zur Freundschaft wurde unsere Bekanntschaft nicht.

Mehrere Universitätskollegen waren mir freundschaftlich verbunden. Das gute Verstehen mit meinem Freund Josef Scharbert aus Freisinger Tagen konnte wegen des weiten Abstands (München – Mainz) nicht mehr so intensiv gepflegt werden, wie es wünschenswert gewesen wäre. Den Kollegen an der Universität Mainz war ich ebenfalls verbunden, und zwar allen, die ich bei meinem Eintritt in die Fakultät vorfand. Mit den später hinzugekommenen Kollegen entwickelte sich keine brüderliche Freundschaft.

Der Rechtshistoriker Karl Siegfried Bader, der seit 1953 in Zürich lehrte, schenkte mir sein Vertrauen und seine Freundschaft. Seine tapfere Haltung in der Zeit des Nationalsozialismus hatte ihm berufliche Nachteile eingetragen. Nach deren Beendigung konnte er endlich die Positionen erlangen, die seiner Gelehrsamkeit und Lauterkeit geschuldet waren. Von 1951 bis 1953 lehrte er in Mainz, danach in Zürich. Die „Rechtsgeschichte des Dorfes" ist eine seiner großen literarischen Leistungen. Er redigierte eine Zeitlang die „Zeitschrift für Rechtsgeschichte, Kanonistische Abteilung" und in dieser Eigenschaft hatte ich lebhaften Kontakt mit ihm. Er übergab mir Besprechungen von Büchern, welche die Zeit von 1933 bis 1945 berührten, mit dem Bemerken, mir könne bezüglich der politischen Haltung niemand einen Vorwurf machen. Bader war kritisch. Bei einem rechtshistorischen Kongress stand ich auf einer Balustrade neben ihm. Er wies auf die große Zahl der im Saal stehenden Gelehrten hin und sagte leicht ironisch: „Das sind alles Rechtshistoriker.

Aber wenn ich eine Rezension haben will, ist es schwer, einen Rezensenten zu finden." Er lud mich zu einem Vortrag nach Zürich ein. Meine Mutter und Frau Dr. Egler begleiteten mich. Bei dieser Gelegenheit gab Bader mir und Frau Dr. Egler Einsicht in den Nachlass von Ulrich Stutz. Er zeigte sich sehr beeindruckt von unserer gemeinsamen Bemühung und erklärte, eine solche Zusammenarbeit habe er noch nicht erlebt.

Winfried Aymans war der Nachfolger meines Lehrers Klaus Mörsdorf auf dem Münchener Lehrstuhl für Kir-

Joseph Listl, Audomar Scheuermann, Winfried Aymans, Heribert Schmitz (von links nach rechts)

chenrecht. Er vertrat die Linie zuverlässiger Kirchlichkeit. Aymans ist ein hervorragender Kanonist. Auch er erkannte den innerkirchlichen Zusammenbruch und machte dafür hauptsächlich die Bischöfe verantwortlich. Er verschmähte es nicht, gelegentlich mit kritischen Äußerungen an die Öffentlichkeit zu treten. Die briefliche Verbindung zwischen uns blieb bis jetzt erhalten.

Joseph Listl war der beste Fachmann für Staatskirchenrecht unter den Kanonisten. Er gehörte der Gesellschaft Jesu an, wurde Professor an der Universität Augsburg und leitete das (bischöfliche) Institut für Staatskirchenrecht in Bonn. Joseph Listl kam mit mir in Kontakt durch seine Rezension meines Buches über den Interkonfessionalismus in der Militärseelsorge. Wir stellten die Übereinstimmung in der Beurteilung der Lage der katholischen Theologie fest. Listl beanspruchte mich in mannigfachen Angelegenheiten, gab mir aber auch wertvolle Hinweise. Die Doppelbelastung als akademischer Lehrer in Augsburg und als Leiter des Bonner Instituts für Staatskirchenrecht führte zu der Erkrankung, die ihn der aktiven Tätigkeit entzog. Die letzten Jahre seines Lebens brachte er im Altenheim der Jesuiten in München zu.

Leo Scheffczyk war Dogmatiker und kam von Königstein über Tübingen nach München. Mit ihm, meinem

Prof. Dr. Leo Scheffczyk (rechts),
Prof. Dr. Heribert Heinemann (links)

Landsmann, bestand ein vertrauensvolles und bald auch ein freundschaftliches Verhältnis. Er war meines Erachtens ein genialer Theologe. Es dürfte kaum ein Gebiet der katholischen Glaubenslehre geben, das er nicht durch seine subtilen Untersuchungen erhellt und bereichert hat. Ungeachtet der damit verbundenen Nachteile trat er häufig, entschieden und gelehrt in die Auseinandersetzungen um die Lehre ein. Es wird wenige „prominente" Theologen geben, deren Fehler und Schwächen er nicht – vornehm und gerecht – gerügt hat. Sein Tod (2005) war ein unersetzlicher Verlust.

Gustav Ermecke war lange Zeit einer der wenigen Moraltheologen, welche die katholische Sittenlehre exakt und ohne Abstriche darboten. Wir wurden zusammengeführt durch den gemeinsamen Kampf gegen die Selbstzerstörung der Kirche. Als Stichwort nenne ich die „Königsteiner Erklärung", zu deren Vorbereitung er von Kardinal Döpfner nicht eingeladen wurde, weil dieser wusste, dass Ermecke nicht bereit war, die katholische Morallehre zu verbiegen. Er war ja der Herausgeber des lange Zeit einzigen rechtgläubigen und zuverlässigen Handbuchs der Moraltheologie. Ermecke war erbittert über das Versagen der Träger des Lehramts in Deutschland; sein Urteil über sie war sehr scharf. Wir trafen uns gelegentlich in Bad Wörishofen, wo er im Kneippianum abstieg. Erst der Tod (1987) beendete unser vertrauensvolles Verhältnis.

Eine ungetrübte Freundschaft verband mich mit dem niederbayerischen Bauernsohn Hans Eisenmann. Wir lernten uns kennen im Josefsheim zu Bad Wörishofen und stellten die völlige Übereinstimmung auf allen wesentlichen Gebieten fest. Seinem begeisterten Urteil über Teilhard de Chardin konnte ich allerdings nicht zustimmen.

Hans Eisenmann

Nach Ausweis der Wahlen war er ein außerordentlich beliebter und angesehener Politiker. Er war damals Landrat in Pfaffenhofen (Ilm) und stieg später zum bayerischen Landwirtschaftsminister auf. Von ihm erfuhr ich vieles über die Politik und die Politiker in Bayern. Er war ein kritischer Beobachter. In der Folge fanden wir uns wiederholt zum gemeinsamen Urlaub zusammen (Bad Wörishofen, Grönenbach, Villach). Mit ihm und seiner Frau besuchte ich einmal das Oktoberfest in München. Eisenmann hätte gern das Amt des Landwirtschaftsministers abgegeben. Er fühlte offensichtlich den Verlust seiner Kraft. Doch Franz Josef Strauß ließ ihn nicht gehen. So kam es zur Katastrophe. Während eines Aufenthalts in Italien fiel er ins Koma, aus dem er nicht mehr erwachte (1987).

Zu meinen Nachbarn in der Fränzenbergstraße zu Budenheim hatte ich stets ein gutes Verhältnis. Frau Fries in der Nr. 1, die Gattin eines Arbeiters der Erdal-Fabrik, sagte eines Tages zu mir: „Sie passen zu uns." Dieses Wort empfand ich als hohes Lob. Die einfachen Menschen standen mir stets nahe.

XXIII.

Gesundheit

Die Gesundheit ist ein hohes Gut und für die wissenschaftliche Arbeit unentbehrlich. Dieser Sachverhalt veranlasst mich, einen Überblick über die gesundheitlichen Verhältnisse in meinem Leben zu geben. Er dürfte zu seinem Teil zeigen, unter welchen Bedingungen ich arbeiten musste. Geschont habe ich mich nicht, sondern immer ohne Rücksicht auf meine Gesundheit gearbeitet, aber auch den Preis dafür bezahlt.

An körperlichen Beschwerden hat es mir nicht gefehlt. Aus der Kindheit erinnere ich mich an die schmerzhafte Verrenkung eines Fußes, die ich mir beim Spiel zugezogen hatte. Vater ließ einen Schäfer kommen, der die Einrenkung mit einem Ruck vornahm. In der dritten Klasse der Oberschule brach ich mir in der Turnstunde beim Bockspringen den linken Unterarm. Etwa ein Jahr später wurde bei mir ein Herzfehler festgestellt. Beim Tausendmeterlauf war ich ungewöhnlich erschöpft. Dieselbe Erscheinung stellte der Vater bei der Gartenarbeit fest. Die ärztliche Untersuchung ergab den angegebenen Befund.

1945 ergriff mich der Typhus. In dem von den Russen besetzten Schlesien fehlten Ärzte und Medikamente in gleichem Maße. Einige Wochen verbrachte ich in einem Behelfskrankenhaus. Als ich mich Jahrzehnte später der Universitätsklinik Mainz zur Blutspende zur Verfügung stellte, wurde ich wegen der erwähnten Typhuserkrankung abgelehnt. Aufgrund der Vertreibung aus Schlesien im April 1946 in einem Viehwaggon kam ich in Werl in Westfalen, dem Ort der Ausladung, mit einer fiebrigen Bronchitis an. In der Fuldaer Zeit erkrankte ich in Roßbach bei Hünfeld an den Masern. Der ganze Körper war mit Ausschlag bedeckt. Man brachte mich ins Fuldaer Krankenhaus. In den Münchener Jahren 1948-1950 war mir oft so elend, dass ich endlich einen Arzt aufsuchte. Er konstatierte: „Sie haben eine Lungenentzündung durchgemacht." In Neuzelle 1950/1951 hatte ich immer erhöhte Temperatur und litt unter Verstopfung. Im Caroluskrankenhaus zu Görlitz wurden mir die Mandeln herausgenommen. Die erhöhte Temperatur wurde dadurch nicht behoben. Die Untersuchung im Hedwigskrankenhaus zu Berlin verlief ergebnislos. Die Blinddarmoperation in Spremberg 1952 beruhte auf einer Fehldiagnose. Die Schmerzen im rechten Oberbauch ließen nicht nach. Wenn ich in Erfurt nach stundenlanger Tätigkeit im Beichtstuhl am Samstag das mir von den Schwestern bereitgestellte Abendessen einnahm, spürte ich das Drücken besonders deutlich. Ich hatte ständig erhöhte Temperatur, gelegentlich Schüttelfrost. Aber die Arbeit musste weitergehen.

Dem Vater entging mein schlechter Gesundheitszustand nicht. Als er mich in Erfurt besuchte, sagte er: „Es hat alles keinen Zweck, wenn du dahinsiechst." Die Ursache meiner Beschwerden wurde erst von dem Privatdozenten der Münchener Medizinischen Fakultät erkannt, der mich vor der Ernennung zum Privatdozenten untersuchte (1957). Er sagte zu mir: „Sie haben ja eine so geschwollene Leber." Der Grund war eine schwere anhaltende Entzündung der Gallenblase. Jetzt konnte endlich eine sachgemäße Behandlung einsetzen. Man verwies mich nach Bad Mergentheim, wo ich mit Fangopackungen, Bädern und der Trinkkur behandelt wurde. In den folgenden zwei Jahren musste ich die (täglichen) Auflagen fortsetzen, bis das Leiden endlich besiegt schien. Fortan verwendete ich den Jahresurlaub stets zur gesundheitlichen Behandlung, meistens in Bad Wörishofen

(Kneippkur). Häufig kam ich allerdings von dort mit einer Infektion nach Hause. Die sanitären Verhältnisse im Haus der Dominikanerinnen waren ungenügend. In den Jahren 1955 bis 1957 war ich durch das Übermaß der Belastung fast ständig an der Grenze der Erschöpfung, ja des Zusammenbruchs. Immer neue Anforderungen ließen mich nicht zur Ruhe kommen.

In Bad Wörishofen mit Münchener Stadtpfarrer Fröhlich, rechts (ca. 1970)

In den 1980er-Jahren befiel mich ein Kehlkopfkatarrh. Ich konnte eine Zeitlang nicht mehr in der Kirche zelebrieren, sondern nur in meiner Wohnung. Zum Glück geschah dies in einem Freisemester, in dem ich keine Lehrveranstaltungen bestreiten musste. Immer wieder suchten mich Halsentzündungen heim. Erst die Behandlung mit Antibiotika brachte sie zum Verschwinden. An die Zahnbeschwerden, Erkältungen und die Grippe brauche ich nur im Vorübergehen zu erinnern. Mit etwa 60 Jahren stellte sich bei mir hoher

Blutdruck ein, der behandelt werden musste und den ich nicht mehr loswurde. Die starken Beschwerden, die von den Hämorrhoiden ausgingen, machten eine Operation erforderlich. Am Hals bildete sich eine Zyste. Sie wurde in der Hals-, Nasen-, Ohrenklinik Mainz von meinem Landsmann Professor Matzker entfernt.

Im Frühsommer 2004 wurde bei der urologischen Vorsorgeuntersuchung Blut im Stuhl festgestellt. Die daraufhin vorgenommene Koloskopie ergab zwei Tumore im Dickdarm am Coecum. Sie wurden im Hildegardis-Krankenhaus zu Mainz von Professor Achim Heinz in einer fast unblutigen Operation entfernt. Da der Krebs nicht gestreut hatte, blieb mir die Chemotherapie erspart. Fortan verbrachte ich meinen jährlichen Urlaub in dem MedicalResort Baiersbronn-Obertal, betreut von kundigen Ärzten, die sich auf Naturheilverfahren verstanden. Leider ging das Haus 2015 in chinesische Hände über und blieb mir von da an verschlossen.

Als ich wohl im Jahre 2015 meinen Jahresurlaub in Bad Mergentheim zubrachte, sah sich ein Kardiologe gründlich mein Herz an und stellte den Herzklappenfehler fest, dessentwegen ich vom Luftwaffenhelfereinsatz freigestellt worden war. Er meinte, für eine Operation sei ich zu alt. Zweimal brachte man mich in den folgenden Jahren wegen hohen Blutdrucks in die Klinik. 2020 bereitete mir die vergrößerte Prostata einen Harnverhalt. In der Notaufnahme setzte man mir einen Katheter ein. Die weitere Behandlung erfolgt durch Tabletten. Die Schwäche der Augen wurde durch eine Kataraktoperation behoben, das Nachlassen des Gehörs durch die Zuhilfenahme eines Hörgeräts.

Die zahlreichen gesundheitlichen Beschwerden meines Lebens machten mich nicht zum Hypochonder, aber sie setzten mir stark zu und erklären zu einem Teil meine häufige Niedergeschlagenheit.

XXIV.

Bischöfe

1. Oberhirten der Diözese Mainz

Die Bischöfe sind die von Gott bestellten Oberhirten der Ortskirchen. Sie sollen sie leiten unter der Universalgewalt des Papstes. Für die Priester und die Gläubigen sind sie die nächsten Repräsentanten der kirchlichen Hierarchie. Deshalb möchte ich dazu ein paar Worte sagen.

a. Albert Stohr

In Mainz erlebte ich vier Bischöfe. Als ich meinen Dienst antrat, waltete Albert Stohr seines Amtes (1935–1961). Er war ein Bischof, dessen Tätigkeit ich uneingeschränkt anerkannte. Er vereinte die Fähigkeiten des Priesters, des Gelehrten, des Politikers (in der Weimarer Zeit) und des Hirten. Vor allem war er Seelsorger. Er war ein Oberhirte, der es nicht verschmähte, das Bußsakrament zu spenden, was nicht jeder Bischof tat. Als ich mich bei ihm vorstellte, war eine seiner ersten Fragen, wen ich bei mir habe. Als ich antwortete, ich hätte die Eltern bei mir, war er zufrieden. Stohr war bereit, die theologische Studienstätte im Mainzer Priesterseminar aufzugeben zugunsten der Theologischen Fakultät an der neuen Mainzer Universität und drängte den

Heiligen Stuhl in diese Richtung. Ob seine Entscheidung richtig war, wage ich nicht zu beantworten.

b. Hermann Volk

Über die Nachfolge Stohrs wurde viel gemunkelt und spekuliert. Der Kollege Lenhart sagte scherzhaft: „Ich bin für Pater Leppich." Das Domkapitel wählte einen Mainzer Priester zum Bischof, Hermann Volk (1962-1982). Er war mehrere Jahre Pfarrer gewesen, sah seine Berufung jedoch im Lehramt. Lange Zeit war er für den Erwerb eines akademischen Grades in Philosophie und Theologie von der Seelsorge freigestellt. Volk hatte sich für Dogmatik habilitiert und die Nachfolge von Schmaus in Münster angetreten. An seiner Bischofskonsekration in Mainz nahmen seine Fakultätskollegen aus Münster teil. Dabei hatte ich die Freude, den mir aus Breslau bekannten Exegeten Josef Gewieß wiederzusehen.

Volk war ehrlich bemüht, seinem Amt gerecht zu werden. Aber es war ihm nicht gegeben, aufrüttelnd und anspornend auf die Gläubigen seines Bistums zu wirken. Der Kollege Heinrich Schneider charakterisierte die Lehrweise Volks mit dem Ausspruch: „Dunkel wie eine Rede von Bischof Volk." Die Leutseligkeit und die Volksnähe Stohrs gingen ihm ab. Aus seinem eigenen Munde hörte ich das Bekenntnis: „Ich bin kein Volksredner."

Das Konzil und was damit zusammenhängt nahm Volk viele Jahre in Anspruch. In der immer deutlicher werdenden Krise der Kirche verfasste er eine Schrift nach der anderen. Sie waren gut gemeint. Aber wenn er dachte, damit den Erschütterungen wirksam begegnen zu können, dann täuschte er sich. Seinen schriftlichen Erzeugnissen fehlte nicht selten die begriffliche Schärfe. Für Neuerungen war er immer zu haben. Zu mir meinte er gelegentlich, man solle den Zölibat freistellen, das heißt, ihn aufheben.

Volk veranstaltete regelmäßig jedes Semester eine Zusammenkunft mit der Theologischen Fakultät. Er sprach dabei fast immer vom Konzil. Als im Gespräch auf die wachsende Unruhe und das Abdriften von der gesunden Lehre in der Kirche hingewiesen wurde, meinte der Kollege Ziegler: „Es ist endlich mal etwas los in der Kirche." Da antwortete Kardinal Volk treffend: „Es war früher auch etwas los."

Begabung zum Regieren hatte er nicht. Es fehlte ihm schon die dazu nötige Kenntnis des Kirchenrechts. So fragte er einmal das Domkapitel, ob er – als Bischof – ihm angehöre. Die Ernennung Volks zum Kardinal war wohl als Verbeugung vor seiner vermeintlichen Gelehrsamkeit und als Anerkennung der bedeutungsvollen Rolle der katholischen Kirche in Deutschland innerhalb der Gesamtkirche gemeint. 1982 gab er das Bischofsamt auf. Er lebte noch sechs Jahre.

c. Karl Lehmann

Nach dem Abgang Volks lief alles auf die Beförderung Karl Lehmanns zum Bischof von Mainz zu (1983-2016). Volk selbst wünschte ihn als seinen Nachfolger. Es hielt sich das Gerücht, dass er in Rom, also wohl beim Papst und bei der Bischofskongregation, für Lehmann geworben und etwaige Bedenken gegen diesen zerstreut habe. Der Domdekan Dr. Hermann Berg meinte zu der bevorstehenden Bischofswahl, das Domkapitel müsse an die Bischofskonferenz denken. Er steuerte also wohl auf einen Kandidaten zu, den er für den Vorsitz in der Bischofskonferenz für geeignet hielt. Die Wahl eines Diözesanbischofs diesem Ziel unterzuordnen, ist verfehlt. Aber Volk hatte dem Kapitel schon signalisiert, wen er als Nachfolger wünsche; es war der Freiburger Theologieprofessor Karl Lehmann. Ich kannte ihn aus der (kurzen) Zeit, da er mein Kollege in der Mainzer Fakultät war. Nach Fakultätssitzungen fuhr er mich manchmal nach Hause. Er ging dann nach Freiburg, von wo er auf den Mainzer Bischofsstuhl berufen wurde.

Lehmann war und blieb Professor. Der Wissenschaft galt seine Leidenschaft. Ihr diente er mit zahlreichen Vorträgen, in Sitzungen und durch eine Fülle von Veröffentlichungen. Schon während des Konzils, noch als Student, beteiligte er sich an Debatten, Vorschlägen und Entwürfen. Er war eng verbunden mit dem Theologen Karl Rahner aus der Gesellschaft Jesu. Lehmann hatte gute Beziehungen zu Kardinal Döpfner. Dieser benutzte ihn bei dem unseligen Projekt der Gemeinsamen Synode der deutschen Bistümer. Er war „der Kissinger" der Würzburger Synode. Lehmann hatte vielfältige Kontakte zu protestantischen Theologen. Er war stark ökumenisch interessiert. Sein Eifer und sein Fleiß waren überdurchschnittlich. Man hätte ihm mehr Nachtruhe gewünscht.

Eine besondere Vorliebe hatte er für die Kirchenpolitik und darüber hinaus allgemein für die Politik. Mit Vorliebe hielt er sich in „höheren" Kreisen von Politikern, Managern und Funktionären auf. Frau Merkel sprach von ihm als ihrem „väterlichen Freund". Von seiner Studienzeit kannte er sich in Rom aus. Er gehörte zu der Gruppe von Kardinälen (wie Martini von Mailand und Daneels von Brüssel), die es unternahmen, die Papstwahl nach dem Tod Johannes Pauls II. zu steuern. Joseph Ratzinger war mit Gewissheit nicht sein Kandidat. In Besetzungsvorgänge an den theologischen Fakultäten mischte er sich gern ein. Er gab auch Ratschläge, wie Professoren das römische „Nihil obstat" erlangen konnten. Seine langjährige Tätigkeit als Vorsitzender der Deutschen Bischofskonferenz absorbierte einen Großteil, vielleicht den größten Teil seiner Zeit und Arbeitskraft.

Ein Seelsorgebischof war er nicht. Seine Vorliebe galt dem Schreibtisch und dem Vortragssaal. Er hätte die Diözese von Norden nach Süden durcheilen müssen, heute dank des Automobils eine leichte Sache, aber er zog es vor, in der Bischofsstadt, in Bonn und in Rom zu konferieren. Den Priestern wendete er meines Erachtens zu wenig Sorge zu. Er hätte sie aufsuchen und aufrichten, ermahnen und trösten müssen. Der eigentliche Seelsorger der Priester ist der Bischof. Er darf diese Aufgabe nicht an einen Beauftragten abschieben. Auch er stand innerlich nicht hinter dem Zölibat der Priester. Mit den beiden anderen Bischöfen der Oberrheinischen Kirchenprovinz verrannte er sich in der pastoralen Weisung der Zulassung kommunionunwürdiger Personen zur heiligen Kommunion. Auf Veranlassung des Heiligen Stuhls musste er den Rückzug antreten.

Die Bewertung der Bischofszeit von Volk und Lehmann lässt sich kurz zusammenfassen in die Worte: zu viel Papier, zu wenig seelsorgliches Engagement. Es kann bei allem Respekt vor dem ehemaligen Kollegen und Diözesanbischof nicht verschwiegen werden, dass Lehmann seine Tätigkeit als Diözesanbischof fast über die ganze Zeit, in der er das Bischofsamt innehatte, vernachlässigt hat. Der prominente Mainzer CDU-Mann Johannes Gerster ging noch weiter. Er erklärte mir gegenüber: „Lehmann hat die Diözese zugrunde gerichtet." Die Brisanz der kirchlichen Lage erkannte er nicht oder wollte sie nicht sehen. Lehmann gewann die Freundschaft der „Welt" und empfing eine Ehrung und Auszeichnung nach der anderen. Die Erhebung zum Kardinal verdankte er, wenn dem Gerücht zu trauen ist, dem Drängen des Bundeskanzlers Helmut Kohl.

Persönlich hatte ich keine Schwierigkeiten mit Bischof Lehmann, weder in der Lehre und in den Veröffentlichungen noch in Gottesdienst und Predigt. Er störte mich nicht in der Zelebration der „tridentinischen" Messe, schickte mir vielmehr gelegentlich Personen zu, die nach dieser Form der Messfeier verlangten. Er förderte meine wissenschaftlichen Publikationen durch namhafte Zuschüsse für ihre Drucklegung bis zum Ende seiner Amtstätigkeit. Nach dem Heimgang Lehmanns erfuhr ich von Pfarrer Martin Berker, der mehrere Jahre Bischofskaplan bei ihm gewesen war, dass der Bischof sich wiederholt lobend über mich ausgesprochen habe. Das hatte ich nicht erwartet, denn Lehmanns und meine Einstellung zu kirchlichen, religiösen und disziplinären Gegenständen wichen beträchtlich voneinander ab. Eine kluge Dame, die mir die Bemerkungen Berkers überbrachte, meinte, Lehmann habe sich darüber gefreut, dass ich aussprach, wozu ihm der Mut fehlte.

d. Peter Kohlgraf

Der Nachfolger Lehmanns ist Peter Kohlgraf (seit 2017). Er stammt aus Köln und war bei seiner Ernennung Professor für Pastoraltheologie an der Katholischen Fachhochschule. Er übernahm ein schweres Erbe. Es war ihm wohl bewusst, dass es in der Regierung des Bistums so nicht weitergehen konnte wie bisher. Aber dass er die erforderliche Wende in Angriff nehmen würde, ist bisher nicht zu erkennen. Er setzt auf Anschluss an den „Pastoralen Prozess". Dass dieser einen Aufschwung des kirchlichen Lebens bringen soll, wage ich zu bezweifeln. Dazu kommt der unaufhörlich fließende Verlust von Gläubigen durch Abständigkeit und Abfall. Der Rückgang der kirchlichen Einnahmen zwang zu einschneidenden Schnitten bei den Ausgaben. Der Priestermangel nahm ein dramatisches Ausmaß an. In bevölkerungsreichen Pfarreien mussten Wortgottesdienste die Feier der Heiligen Messe „ersetzen". Nach wie vor lehnt man auch in Mainz den Einsatz von Mitgliedern der Bruderschaft St. Petrus ab. Die

Pandemie legte das pfarrliche und gottesdienstliche Leben weitgehend lahm. Die Zukunft der Kirche in der Diözese Mainz und in ganz Deutschland ist besorgniserregend.

2. Amtsträger anderer Diözesen

Zu den Bischöfen, die ich im Laufe des Lebens kennengelernt habe, gehörte der Breslauer Erzbischof *Adolf Bertram*. Er spendete mir das Sakrament der Firmung. Er war damals schon hinfällig und sprach mit leiser Stimme. Sein hohes Alter trug nicht dazu bei, den Gottesdienst zu einem Erlebnis zu machen. Den Breslauer Weihbischof *Joseph Ferche* sah ich nur flüchtig. Den Kapitelsvikar und Titularbischof *Ferdinand Piontek* schätzte ich überaus hoch. Mein Verhältnis zu ihm war von Hochachtung und Gehorsam geprägt, ermangelte aber nicht der freundschaftlichen Züge. Einzelheiten seines Lebens und Wirkens sind in mehreren biografischen Skizzen enthalten; auch ich habe versucht, ihm ein bescheidenes literarisches Denkmal zu setzen. Die folgenden Oberhirten des Diözesanbezirks Görlitz-Cottbus bzw. der Diözese Görlitz sind mir nicht näher bekannt geworden. Der Bischof *Wolfgang Ipolt* besuchte mich 2020 anlässlich des Zusammentritts der Deutschen Bischofskonferenz zu Mainz. Er ist einer der (wenigen) Bischöfe, welche die Zeichen der Zeit erkannt haben.

Dem einen oder anderen Bischof bin ich begegnet. *Anton Hofmann*, den Bischof von Passau, kannte ich gut aus der gemeinsamen Studienzeit. Er promovierte damals bei Franz Xaver Seppelt. Er war fromm und demütig, rein und liebenswürdig, aber schwach. Er gestand mir, dass er in seiner

Militärzeit Protestanten die heilige Kommunion gereicht habe. Als ich ihn in einer kontroversen Angelegenheit fragte, warum er nicht für die sachlich richtige Sicht eingetreten sei, antwortete er, er sei zu feige gewesen. Das war wenigstens ehrlich.

Heinrich Wienken, Bischof von Meißen, hatte in der Zeit des Dritten Reiches die undankbare Aufgabe, als Vermittler oder besser als Bittsteller bei den staatlichen Stellen vorzusprechen. Die ihm deshalb zugefügte Kritik ist ungerecht. Der Ohnmächtige kann gegenüber dem „Allmächtigen" nicht anders als demütig auftreten. Die Verhältnisse in der DDR ähnelten jenen in vieler Hinsicht. Wienken hat diese zermürbende Tätigkeit in selbstloser Weise ausgeübt. Ihn lernte ich kennen, als er meinem und dem vorhergehenden Kurs in Neuzelle die Weihen spendete, und ich traf ihn wieder, als er einmal das Erfurter Studium besuchte.

Bischöfe Ferdinand Piontek und Heinrich Wienken (von links nach rechts)

Gerhard Schaffran, ebenfalls Bischof von Meißen, hatte eine stürmische Vergangenheit als Wehrmachtspfarrer und Kriegsgefangener in Russland hinter sich, als ich ihm 1951 in Cottbus begegnete, wo er nach immerhin 14 Priesterjahren als Kaplan wirkte. Er war ein begnadeter Seelsorger, vor allem Männerseelsorger. Im Breslauer Restbezirk hatte er wichtige Stellen inne, bis er Piontek als Kapitelsvikar nachfolgte und danach Bischof von Meißen wurde. Verglichen mit Alfred Bengsch war er gegenüber der Regierung der DDR gesprächsbereiter.

Heinrich Theissing, Kommissar und Titularbischof in Schwerin, nahm unter dem Klerus des Restteils der Erzdiözese Breslau eine herausragende Stellung ein. Seine Begabung, seine Treue zu Kirche und Glauben, seine Übersicht über die Bedürfnisse der Kirche und der Gläubigen in der Diaspora und seine Selbstlosigkeit sicherten ihm Ansehen und Einfluss. Als ich das ursprünglich vorgesehene Amt des Offizials nicht antrat, übernahm er es, nachdem er in München ein Jahr kanonistische Studien absolviert hatte. Später kam er in die angegebene Stellung in Mecklenburg. Er starb nach menschlichem Urteil viel zu früh (1988).

Alfred Bengsch, Bischof von Berlin, war mir aus meiner Fuldaer Zeit bekannt. Er folgte mir nach in Erfurt und Neuzelle. Dann begegneten wir uns wieder, als er in München zum Doktor der Theologie promovierte. Bengsch war von 1941 bis 1946 im Wehrdienst und in der Gefangenschaft. Im Jahre 1961 wurde er Bischof von Berlin, 1967 Kardinal. Für ihn stand die Seelsorge über allem. Sie zu erhalten und zu fördern war sein angestrengtes Bestreben im Umfeld der DDR. Er war unbedingt kirchentreu und dogmenfest. Bekannt ist, dass seine (abweichende) Stellungnahme der Deutschen Bischofskonferenz vorenthalten wurde, als diese in Königstein die Enzyklika „Humanae vitae“ auf ihre Weise „kommentierte“.

Joseph Wendel, den Erzbischof von München, suchte ich auf, als ich nach der Ernennung zum Professor an der Hochschule in Freising meinen Antrittsbesuch machte. Er war ein durch und durch kirchlicher Mann, fromm und seelsorglich engagiert, gleichzeitig kämpferisch und mutig, wo er wichtige kirchliche Belange gefährdet sah. Den Eucharistischen Kongress in München bereitete er durch eine ausgedehnte und gut organisierte Volksmission vor. Er starb als Opfer seines schonungslosen Einsatzes (1960) nach der Silvesterpredigt.

Friedrich Wetter, kurze Zeit mein Kollege in Mainz, war nacheinander Bischof von Speyer und München. Er war ein tadelloser Priester und ein kirchentreuer Theologe. Seine freundliche und leutselige Art kam bei den Gläubigen gut an. Eine Führergestalt war er nicht.

Rudolf Graber, Bischof in Regensburg, machte sich mit mir bekannt, als ich meine erste Stellungnahme zum Gebrauch der Volkssprache im Gottesdienst veröffentlichte, und blieb von da an in losem Kontakt mit mir. Er war ein guter Theologe und ein vorbildlicher Priester. Viele „Altgläubige" setzten Hoffnung auf ihn. Tatsächlich sah er die Gefahren und Schäden der nachkonziliaren Entwicklung deutlich. Aber es fehlten ihm Mut und Kraft in gleicher Weise, sich dem Verderben entgegenzustemmen. Besonders ausgeprägt war seine Marienfrömmigkeit. Der Kollege Ziegler bezeichnete ihn als den „Fatima-Spinner". Rudolf Graber war mir sehr geneigt. Er wollte mich in der neu errichteten Universität Regensburg sehen und hoffte gar auf meine Nachfolge im Bischofsamt. Wenn er erfuhr, dass ich in Bad Wörishofen weilte, erschien er dort zu einer langen Unterredung.

Als ich einmal in Bad Bellingen Erholung suchte, lud mich Erzbischof *Hermann Schäufele* von Freiburg zu einem ausgiebigen Gespräch ein. Wir unterhielten uns vor allem über die Lage der Kirche. Der Erzbischof steuerte aufschlussreiche Beiträge über die Verhältnisse in der Deutschen

Bischofskonferenz bei. Er sprach von den Gruppierungen und den Spannungen, aber auch von der Schwäche und der Feigheit der meisten Bischöfe. So erzählte er von Bischof Graber in Regensburg: „Ich sage ihm, er brauche gar nicht selbst aufzutreten, sondern nur durch Erheben der Hand seine Zustimmung zu meinen Ausführungen kundzutun, aber selbst das bringt er nicht fertig." Er kam auch auf die Priestertage zu sprechen, die Bischof Volk von Mainz veranstaltete und auf die dieser mächtig stolz war. Ich konnte ihm als ein aus der Nähe Beobachtender sagen, dass diese Priestertage nichts bewirkten.

Lorenz Jäger, den Erzbischof von Paderborn, erlebte ich bei gelegentlichen Zusammenkünften mit Professoren. Dort sprach er, der als einer der Protagonisten der Ökumene galt, warnend gegen ökumenische Exzesse. Doch war er außerstande, die losgetretene Lawine anzuhalten. Sein zur Schau getragener Optimismus war durch nichts gerechtfertigt. Wohl auf Antrieb Döpfners schrieb er mir einen tadelnden Brief zu meinem Vortrag „Wo stehen wir?". Er beurteilte mich als „theologisch zu kurz geraten".

Die Deutsche Bischofskonferenz in der Gestalt, die ihr vom Zweiten Vatikanischen Konzil und dem CIC/1983 gegeben wurde, also als hierarchische Zwischeninstanz, weckte meine Bedenken. Die Gefahr, dass hier eine Front gegen den Apostolischen Stuhl aufgebaut werden konnte, war nicht von der Hand zu weisen. Sie wurde sachlich von den Theologen ihres Vertrauens gesteuert. Es waren fast ausnahmslos Vertreter der progressistischen Richtung. Die wenigsten Mitglieder der Konferenz waren fähig, fundierte eigene Stellungnahmen zu den anstehenden Fragen und Entscheidungen abzugeben. Sie stimmten mit der Mehrheit, die sich leicht einstellte, weil sie sich im Mainstream befand oder glaubte.

Der Kölner Erzbischof *Joseph Frings* schien anfangs feste Positionen einzunehmen. Aber im Konzil und danach bröckelte seine Haltung immer mehr ab. Die Gewissensbisse, die ihm nachgesagt werden, konnten daran nichts mehr ändern. Mit der Übernahme des Vorsitzes in der Bischofskonferenz durch Erzbischof *Julius Döpfner* sah ich Gefahr für die Kirche in Deutschland heraufziehen. Meine Befürchtungen bestätigten sich bald. Es sei nur an die „Königsteiner Erklärung", die „Handkommunion" und an die „Würzburger Synode" erinnert. Döpfner war ein Unglück für die Kirche. Von Hause aus fest im Glauben der Kirche verwurzelt, war er nur allzu leicht zu Konzessionen in der Disziplin bereit; doch sie waren es, die dem Glauben tiefe Wunden schlugen. Allmählich erkannte ich, dass auf die Deutsche Bischofskonferenz weder in Fragen der Lehre noch der Disziplin mehr Verlass war. Der Kölner Erzbischof *Joseph Höffner* stand ihr von 1976 bis 1987 vor. Er war eine vorbildliche priesterliche Persönlichkeit. Seinem Amt an der Spitze der deutschen Bischöfe war er nicht gewachsen. Den zersetzenden Aufstellungen von Theologen begegnete er mit der Herausgabe von „Thesen" (deswegen „Theseus" genannt). Er brachte es fertig, den Zerstörer der katholischen Moraltheologie, Franz Böckle, öffentlich zu feiern.

Freimütig übte ich Kritik an Mängeln der Seelsorge und deren Leitung. Der Nuntius Bafile fand meine Kritik an den deutschen Bischöfen unangemessen: „Die Deutsche Bischofskonferenz ist eine der besten, wenn nicht die beste." Da dachte ich bei mir: Wenn diese Bischofskonferenz, gegen die notwendig Einwände zu erheben sind, die beste ist, wie mag es dann in den übrigen Bischofskonferenzen aussehen? Als scharfer Kritiker der deutschen Bischöfe trat auch mein Bruder Joachim hervor. In den Zeitschriften geringer Auflage, in denen das bedrückte Gemüt verletzter Katholiken sich ein Ventil schuf, zog er gegen das von ihm und vielen anderen missbilligte Tun und Unterlassen der Bischöfe zu Felde. Besondere Aufmerksamkeit schenkte er dem Münchener Erzbischof und Konzilsmoderator Julius Döpfner. Er beobachtete sein Leben und seine Unternehmungen genau und kommentierte sie auf seine Art, z. B. „Döpfner auf Capri". Die Beiträge des Bruders waren von mir weder veranlasst noch gelenkt. Dennoch wurden sie mir von Übelwollenden zugerechnet. Nach Ansicht Scheuermanns haben sie auch die Haltung Döpfners mir gegenüber beeinflusst.

Mein Urteil über Schuld und Versagen im nachkonziliaren Zusammenbruch fasste ich dahin zusammen. Die Hauptverantwortlichen für den unaufhörlichen Niedergang der Kirche sind die Bischöfe, selbst gelenkt und bestimmt durch die (progressistischen) Theologen. Die bei Jubiläen und beim Ausscheiden aus dem aktiven Dienst üblichen Lobeshymnen auf die Oberhirten hielt ich in den meisten Fällen für unangebracht. Den nicht gänzlich fehlenden Verdiensten standen zu viele und zu schwere Schwächen, Fehler und Versäumnisse gegenüber. In der Kritik der (meisten) Bischöfe war ich mit den Progressisten und den Modernisten einig, aber von einer ganz anderen Warte aus und mit ganz unterschiedlichen Inhalten. Nicht wenige Bischöfe zogen sich frühzeitig von ihrem Hirtenamt zurück, um danach noch jahrzehntelang erkennbar munter und rüstig zu leben und Schriften zu verfassen, für die kein Bedürfnis bestand. Mit diesem Verhalten gaben sie den Priestern ein denkbar schlechtes Beispiel. Hätten sie sich in eine Pfarrei zurückgezogen und ordentliche Seelsorge betrieben, hätten sie der Kirche einen wertvollen Dienst geleistet.

XXV.

Päpste

Der katholische Christ weiß um die hierarchische Verfassung, die seine Kirche nach Gottes Willen besitzt. Ihr hervorragendstes Glied ist der Bischof von Rom, der gleichzeitig Bischof der Universalkirche ist („Catholicae Ecclesiae Episcopus"). Das Papsttum ist für die Außenstehenden das sichtbarste Kennzeichen der katholischen Kirche. Meine Familie sprach mit größter Hochachtung von den Päpsten. Der Großvater kannte ihre zivilen Namen und ihren Lebensweg genau.

1. Pius XI.

In meinem Leben habe ich bewusst acht Päpste erlebt. Die Pontifikate Pius' XI. und Pius' XII. erfüllten mich mit uneingeschränkter Hochachtung und Dankbarkeit. Es war damals die Überzeugung aller gläubigen katholischen Christen: So und nicht anders muss die Kirche regiert werden. An Pius XI. (1922-1939) bewunderte ich die Klarheit und Entschiedenheit in Fragen der Lehre (Ehe, Gesellschaftsordnung, totalitäre Systeme). Eine Großtat war die von ihm zustande gebrachte Lösung der Römischen Frage, die kaum jemand für möglich gehalten hatte (Lateranverträge 1929). Unter ihm wurde das Reichskonkordat abgeschlossen. Der Papst konnte das Angebot der Reichsregierung nicht ablehnen.

Pius XI. erließ auch die Enzyklika „Mit brennender Sorge", die am besten gelungene Abrechnung mit der nationalsozialistischen Herrschaft.

2. Pius XII.

Pius XII. (1939-1958) führte die Kirche mit Souveränität. Er war wahrlich der universale Lehrer der Kirche. Unter ihm kam keine Unsicherheit in der Lehre auf. Mit untrüglicher Witterung erkannte er aufkommende Abweichungen. Sein Andenken ist getrübt durch Anwürfe seiner liberalen und modernistischen innerkirchlichen Gegner, vor allem aber durch die Verdächtigung seiner Haltung gegenüber den Juden. Mehrfach unternahm ich es, ihn gegen die Schmähungen Hochhuths zu verteidigen. Ebenso konnte ich nicht zustimmen, als mein Studienfreund Georg Schwaiger in der Mitte der 1950er-Jahre zu mir sagte: „Meinst du nicht, dass ein Pontifikatswechsel angebracht wäre?" Das Unbehagen an der jeweils treffenden und unverzüglichen Stellungnahme des Papstes zu Fragen der Zeit, das liberale Theologen zeigten, war kein ausreichender Grund, auf einen Nachfolger zu setzen, der den Stil der Regierung verändern würde.

3. Johannes XXIII.

Bei Johannes XXIII. (1958-1963) gab schon die Wahl des Namens Anlass zu Bedenken. Bekanntlich hatte Baldassare Cossa, der „Konzilspapst" (1410-1415), diesen Namen angenommen. Die Persönlichkeit und die Vorgeschichte Roncallis ließen nicht erkennen, dass er dem Amt gewachsen sein würde, das auf ihn zukam. Es fehlte ihm offensichtlich die Kenntnis der Strömungen und Tendenzen in der Theologie, die der Kirche gefährlich werden mussten. Naivität und Einfalt prädestinieren nicht für Führungsaufgaben. Seine Regierungstätigkeit wurde überschattet von der Ankündigung und der Einberufung eines Allgemeinen Konzils. Dafür bestand weder eine Notwendigkeit noch ein Bedürfnis. Sich erhebende Fragen und Schwierigkeiten hätten durch die päpstliche Vollgewalt im Verein mit der Römischen Kurie beantwortet bzw. gelöst werden können. Schon die Ankündigung und die Einberufung des Konzils schwächten die Disziplin in der Kirche. Die ersten Spuren der Lockerung zeigten sich rasch; sie sollten sich binnen kurzer Zeit zu Dammbrüchen ausweiten.

4. Paul VI.

Paul VI. (1963-1978) war durch seine kirchliche Entwicklung, vor allem durch seine Tätigkeit im päpstlichen Staatssekretariat und als enger Mitarbeiter Pius' XII. sowie als Erzbischof von Mailand, auf die Übernahme des Primats vorbereitet. Die Reserven, die Pius XII. gegen ihn hatte, waren nicht unbegründet. Montini hielt Änderungen, sogar weitgehende, in manchen Bereichen des kirchlichen Lebens für vertretbar, wünschenswert oder erforderlich. Aber es fehlte ihm an der Voraussicht, wohin sie führen könnten oder würden. Er unterschätzte die Bestrebungen der progressistischen Kreise im Episkopat und in der Theologenschaft. Ebensowenig überschaute er die Sprengkraft der Änderungen, zu denen er auf die eine oder andere Weise seine Hand bot.

Das Konzil führte er weiter und beendete es. Die folgende Zeit war ein kontinuierlicher, teilweise abrupter Niedergang des gesamten kirchlichen Lebens. Paul VI. nahm ihn wahr und suchte ihm auf seine Weise zu wehren. Es sei erinnert an das von ihm verfasste Glaubensbekenntnis. Zur Größe erhob er sich, als er die beständige kirchliche Lehre über die Empfängnisverhütung in der Enzyklika „Humanae vitae“ lichtvoll verteidigte. Doch die Entwicklung in den Ortskirchen schritt über seine Ermahnungen und Beschwörungen hinweg. Paul VI. musste erkennen, dass selbst das größte Heiligtum der Kirche, die Eucharistie, von der modernistischen Woge bedroht war (Enzyklika „Mysterium fidei“ vom 3. September 1965).

5. Johannes Paul I.

Johannes Paul I. (1978) war eine große Hoffnung nach dem Heimgang Pauls VI. Die Rechtgläubigen erwarteten von ihm eine Wendung zu fester Regierung. Sein Lebensweg, seine Einstellung und seine Äußerungen erweckten die Zuversicht, er könne das Schiff der Kirche in eine bessere Zukunft lenken. Albino Luciani erkannte die Gefahr, die von irrigen Theologenmeinungen ausging. Er las die katholische Zeitschrift „Der Fels“, in welcher der Glaube der Kirche energisch verteidigt wurde. Der damalige Apostolische Nuntius Corrado Bafile sandte mir eines Tages einen Zeitungsausschnitt zu, in dem Teile einer Rede Lucianis abgedruckt waren. Darin zitierte er einen Aufsatz von mir aus dem „Fels“. Es ging darin um die verwirrenden Äußerungen von

Theologen und deren Schülern. Hier die fragliche Stelle, die Luciani zitierte, im Wortlaut: „Vor kurzer Zeit erzählte mir ein Priester der Diözese Trier, er habe im Krieg Dienst in der thüringischen Diaspora gemacht. An dem Ort befand sich eine riesige protestantische Kirche, deren Gottesdienst aber nur von ganz wenigen Protestanten besucht wurde. Eines Tages fragte er, der Priester, den protestantischen Küster: ‚Sagen Sie mal, warum haben Sie eigentlich hier eine so große Kirche gebaut?' Da antwortete der Küster: ‚Herr Pfarrer, diese Kirche war früher voll. Aber dann kam ein Pfarrer aus Greifswald und der sagte, Jesus war Gottes Sohn. Dann kam einer aus Rostock und der sagte, Jesus war ein bloßer Mensch. Schließlich kam einer aus Tübingen und der sagte, Jesus hat gar nicht gelebt. Sehen Sie, und dann haben sich die Leute gesagt: Wenn die Pfarrer selbst nicht einig sind über das, was zu glauben ist, dann hat es keinen Zweck mehr, überhaupt noch hineinzugehen'" („Der Fels" 1972, S. 204f). Johannes Paul I. starb nach 33 Tagen zur tiefen Enttäuschung der Gläubigen, die viel von ihm erwartet hatten.

6. Johannes Paul II.

Mit Johannes Paul II. (1978-2005) kam ein Papst aus Polen an die Regierung. Viele Schlesier hatten ihre Erfahrung mit Polen gemacht. So war die Frage der Mutter Leo Scheffczyks verständlich: „Wird das gutgehen mit einem Polen?" Die Verlautbarungen aus Rom, welche die Handschrift Joseph Ratzingers erkennen ließen, erfüllten mich mit dankbarer Freude. Man denke vor allem an die gewichtigen Lehrschreiben zur Moral und zur Kirche („Veritatis splendor", „Evangelium vitae"). Der Papst entfaltete eine

Papst Johannes Paul II., Deutschlandbesuch 1980, Begegnung mit der Katholisch-Theologischen Fakultät. Er fragt mich: „Wie geht's dem Kirchenrecht?"

beispiellose Reisetätigkeit. Er setzte den revidierten Codex Iuris Canonici in Kraft. Manche Reden und Handlungen des Papstes schienen mir nicht oder nicht genügend geplant und überlegt. Dass der oberste Vertreter der katholischen Christenheit den Koran küsst oder den Islam segnen lässt, schien mir unangebracht, ja verwirrend. Dass er dem konversionswilligen britischen Premierminister Tony Blair die heilige Kommunion reichte, bevor er die Konversion vollzogen hatte, schien mir die Rechtsordnung der Kirche nicht zu stützen. Peinliche Fragen meiner Umgebung, warum der Papst angesichts seines sich ständig verschlechternden Gesundheitszustandes nicht zurücktrete, wusste ich nicht befriedigend zu beantworten. Als ich im „Fels" einen Beitrag zu den Schuldbekenntnissen und Vergebungsbitten Papst Johannes Pauls II. beisteuern wollte, lehnte der Schriftleiter

Hubert Gindert die Aufnahme ab. Damit war das Ende meiner Mitarbeit an der Zeitschrift gekommen.

7. Benedikt XVI.

Mit Benedikt XVI. (2005-2013) nahm ein Kommilitone aus München und späterer Professorenkollege in Freising den Stuhl Petri ein. Joseph Ratzinger war ein gläubiger, frommer und reiner Priester. Er war gleichzeitig ein hochbegabter, kenntnisreicher und selbstständiger Gelehrter. Zum Denken und Lehren war er geschaffen. Die Begabung des Regierens und des Verwaltens ging ihm ab. Er schien dies zu wissen. Als er zum Erzbischof seines Heimatbistums München und Freising ernannt werden sollte, zögerte er. Heftiges Zureden, vor allem wohl von Johannes Auer, ließ ihn zustimmen. Für den Posten des Präfekten der Glaubenskongregation war er zweifellos sehr geeignet; ihn vermochte er fraglos auszufüllen. Bei Entscheidungen konnte er regelmäßig auf die Kardinäle und Bischöfe der Kongregation zurückgreifen oder den Heiligen Vater angehen. Der Papst wusste, wen er in das wichtigste Amt, das er zu vergeben hatte, berufen hatte.

Das Amt des Stellvertreters Christi wurde Ratzinger gegen seinen Willen übertragen. Er war ihm zweifellos intellektuell gewachsen. Aber mit dem, was die Führung und Leitung, das Befehlen und Strafen angeht, tat er sich schwer. Er war Denker, nicht Regent. Das Zupacken und das Durchgreifen waren nicht seine Sache. Er war wohl auch zu wenig Menschenkenner und rechnete nicht genügend mit der Durchtriebenheit von Menschen. Das Pontifikat muss Ratzinger schwer geworden sein. So hat er es durch Verzicht aufgegeben. Diese Entscheidung habe ich vorausgesehen und meine Sicht Pater Schmidberger von der Bruderschaft St. Pius mitgeteilt. Die Verwunderung oder Empörung mancher über den Rücktritt teile ich nicht. Nach wie vor finde ich ihn berechtigt und richtig. Mein Verhältnis zu Benedikt XVI. war stets ungetrübt. Es war ihm ein Anliegen, mir die Würde eines Apostolischen Protonotars zu übertragen. Meiner Mitarbeiterin Frau Dr. Anna Egler verlieh er den Gregoriusorden.

8. Franziskus

Nach Benedikt XVI. kam Papst Franziskus (seit 2013), zum ersten Mal ein Nachfolger Petri aus Lateinamerika. Die Wahl des argentinischen Bischofs Jorge Bergoglio war ein einschneidendes Geschehnis. Niemand konnte ein Gebiet der kirchlichen Sendung angeben, auf dem er sich besondere Kenntnisse oder Fertigkeiten angeeignet oder durch Leistungen hervorgetan hatte. Dieser Papst führt nicht mehr. Aktivismus für die Armen und Ausgestoßenen ist ihm wichtiger als Lehre und Gottesdienst. Er setzte einen Rat von neun Kardinälen ein, welcher die „Reform" der römischen Kurie betreiben sollte; kein einziger von ihnen hatte kuriale Erfahrung.

Von seinen Reden und Plaudereien, aber auch von manchen Verlautbarungen und gesetzgeberischen Akten gingen wiederholt Ratlosigkeit und Verwunderung aus. Nicht wenige wache Christen reagierten darauf mit Unverständnis, Entrüstung und Empörung. Seine Aussagen und Botschaften wurden immer flacher und weltlicher. Der Höhepunkt wurde mit „Fratelli tutti" erreicht. Dieses Papier stiftet Verwirrung. Der Papst macht immer wieder Äußerungen, die von Gläubigen mit Recht als Verstoß gegen die Glaubens- und Sittenlehre der Kirche empfunden werden. Diese Bemerkungen müssen dann von römischen Institutionen mühsam zurechtgebogen werden, um den Papst vom Vorwurf der Häresie zu entlasten. Die unterrichteten Katholiken fragen sich, welches denn nun seine wahre Meinung ist: die geäußerte oder die korrigierte. Von Heinz-Lothar Barth erschien ein Buch von 796 Seiten mit dem Titel „Die verwirrende Theologie des Papstes Franziskus". Die vorläufig letzte Maßnahme des Papstes ist das Motu proprio „Traditionis Custodes" vom 16. Juli 2021. Die Absicht dieses Dokumentes ist klar erkennbar: Die Messfeier mit dem Messbuch Pius' V. bzw. Johannes' XXIII. soll eingeschränkt und zum Erliegen gebracht werden. Damit wird einer erheblichen Zahl der treuesten Glieder der Kirche vor den Kopf gestoßen. Das Urteil über das Pontifikat des Franziskus kann daher nur lauten: Bergoglio schwächt und untergräbt durch sein Verhalten die päpstliche Autorität.

XXVI.

Wirken als Priester

1. Seelsorge

Priester bin ich geworden, weil ich Seelsorger sein, die Menschen zu Gott führen und ihnen zum Heil verhelfen wollte. Ohne Zögern war ich aus Bayern in die DDR übergesiedelt in der Erwartung, dort bis zum Ende meines Lebens Seelsorge ausüben zu dürfen. Das Pfarramt war mein Ziel; ein anderes habe ich nicht angestrebt. Als Kaplan habe ich die üblichen Dienste eines Pfarrers verrichtet, also die Heilige Messe gefeiert, das Bußsakrament verwaltet, Predigten gehalten, Religionsunterricht erteilt, die Kranken besucht, Eheschließungen und Beerdigungen vorgenommen, die Jugend betreut. Alles tat ich mit innerer Freude, ob es sich um die Abhaltung der Maiandacht oder um das sonntägliche Hochamt handelte. Den „freien Tag“ in der Woche, der um diese Zeit von vielen Priestern gefordert und auch geübt wurde, forderte ich nicht und hielt ich nicht.

Die Verwaltung des Bußsakraments ist der schwerste und verantwortungsvollste Dienst, der dem Priester aufgetragen ist. Die Tätigkeit im Beichtstuhl ist aber auch seine notwendigste und hilfreichste Obliegenheit. Wiederholt habe ich in Predigten die anerkennenden Worte Goethes und Nietzsches über das Bußsakrament zitiert. Die nachkonziliare Geringschätzung und den bald völligen Entfall des Beichtsakraments kommentierte ich mit der Schrift „Das verlorene Sakrament". Persönlich habe ich nie, bis jetzt auch nicht im hohen Alter, aufgehört, das Bußsakrament zu spenden und zu empfangen.

Sich selbst, seine Befriedigung, seine Anerkennung in der Seelsorge zu suchen, zerstört deren Erfolg. Die Seelsorge ist eine hohe Kunst. Sie muss selbstlos, selbstvergessen ausgeübt werden. Der Seelsorger muss grundsätzlich für alle Glieder seiner Gemeinde da sein. Die törichte Rede, die Kirche halte es mit den Reichen, richtet sich selbst. In den Gemeinden, die ich kennenlernte, gab es keine Reichen. Da ich anspruchslos bin, konnte ich in der gesamten Zeit meines priesterlichen Lebens anderen materiell und finanziell helfen. Die Sorge um die Seelen der Jugendlichen kostet viel Zeit und erfordert großes Feingefühl. Die Jugend folgt dem Priester, der sie mit Verständnis, Güte und Zielklarheit führt. Mir fehlten alle Voraussetzungen für die Arbeit mit der Jugend; ich musste versuchen, sie mir autodidaktisch anzueignen. In der Seelsorge habe ich zahlreiche strebende, edle, gediegene, wertvolle Menschen kennengelernt. Viele Menschen, die mir anvertraut waren oder denen ich begegnete, haben mich im Glauben gestärkt, mich mit ihrer Frömmigkeit beschämt und mich zu stets größerem apostolischem Einsatz angespornt. Zu vielen Menschen, die mir anvertraut waren oder mir im Leben begegnet sind, unterhielt ich freundschaftliche und herzliche Beziehungen. Sie überdauerten Jahrzehnte.

Der Priester ist weder einsam noch verlassen. Die Gemeinde, die er mit seiner hochherzigen Seelsorge trägt, trägt ihn mit ihrer Zuneigung und Fürsorge und ihren Gebeten. Eine Schülerin, deren Studium schätzungsweise 50 Jahre zurückliegt, schickt mir noch heute zu jedem Weihnachtsfest ein Päckchen mit selbstgebackenen Plätzchen. Eine Mutter von fünf Kindern schenkt mir zum Weihnachtsfest jedesmal ein Paar selbstgestrickte Socken. Selbstverständlich sind mir auch schwierige, anspruchsvolle, unleidliche und unerträgliche Menschen begegnet. Ein Priester muss Geduld üben gegenüber allen Menschen, die ihm begegnen. Verstehen und Mitleid sind wichtigste Haltungen, um mit ihnen auszukommen. Ein Wort der Marie Ebner von Eschenbach hat mich in meinem Leben stets begleitet: „Die meisten Menschen brauchen mehr Liebe, als sie verdienen." Viel hat mir auch das Wort Konrad Adenauers geholfen: „Man muss die Menschen nehmen, wie sie sind; andere gibt es nicht."

Als ich Assistent in Erfurt und danach in München wurde, gab ich die Seelsorge nicht auf. Die Feier der täglichen Messe, die sonntägliche Predigt, die Tätigkeit als Beichtvater waren mir selbstverständlich, ein Bedürfnis und eine Pflicht. Auch in Freising und in Mainz sowie später in Budenheim ließ ich nicht davon ab. Es wäre mir als Beeinträchtigung der priesterlichen Persönlichkeit und als Zurückbleiben gegenüber der Forderung Gottes erschienen, etwas davon zu vernachlässigen. Dazu traten manche unerwartete und ungewöhnliche Anforderungen. Die Ursulinen in Erfurt trugen mir an, ihnen die Jahresexerzitien zu predigen, was mir jungem „Hüpfer“ einigermaßen überzogen vorkam. Denselben Dienst durfte ich später mehrfach leisten. So baten mich die Armen Schulschwestern in Bayern wiederholt, in großen Konventen Exerzitien zu halten (Miltenberg, Regensburg, München). Ein Württemberger Priesterkreis trat mit dem gleichen Anliegen an mich heran. Zweimal wurde ich gebeten, Fastenpredigten zu halten (München, Mainz). In Budenheim führte ich meinen Dienst in der Seelsorge weiter, zunächst an der Seite des Ortspfarrers, danach als Betreuer einer Gemeinde des „tridentinischen“ Ritus. Jahrzehntelang verwaltete ich an diesem Ort allein das Bußsakrament, das freilich seit dem Konzil immer mehr zum „verlorenen Sakrament“ wurde. Zwar hatte ich Verständnis für die beiden Kollegen, die von der Tätigkeit an der Universität zur Arbeit in der Seelsorge überwechselten, doch spürte ich keinen Anreiz, ihnen zu folgen; denn ich hatte ja die Seelsorge immer gepflegt, und zwar nicht nur nebenher.

Mit Sorge beobachtete ich die Flucht zahlreicher Priester aus der Seelsorge. Sie strebten Stellungen an in Organisationen und Gremien, in der Wissenschaft und in der Verwaltung. Die Tätigkeit an Schreibtisch und Telefon dünkte ihnen angenehmer als das Ringen um Seelen, das Ermahnen und Rügen, das Abhalten von Gottesdiensten auf Außenstationen und das Ausharren im Beichtstuhl. Schon immer hatte ich die Abstellung von Priestern aus der ordentlichen, das heißt der Pfarrseelsorge für Sonderaufgaben kritisch gesehen. Die katholische Kirche lebt von der aufopferungsvollen Arbeit in der Pfarrseelsorge, von Pater Leppich als „Dreckarbeit im Reiche Gottes“ bezeichnet. Die zahlreichen anderen Tätigkeitszweige vermögen an Bedeutung nicht mit ihr zu konkurrieren. Der immer schmerzlicher werdende Priestermangel rief (und ruft) nach Einsatz des letzten verfügbaren Priesters in der ordentlichen Seelsorge. So plädierte ich beispielsweise für die Verwendung von Domkapitularen in der Pfarrseelsorge. Ebenso rügte ich die Regelung des Ruhestandes der Priester in manchen Diözesen. Die Einrichtung der Gemeinde- und Pastoralassistenten bzw. -referenten war gut gemeint. Doch einmal ist der Priester nicht zu ersetzen. Es ist ein markanter Unterschied, ob ein Geweihter eine Predigt hält oder ob ein Laie eine „Statio" vorträgt. Sodann ist der Priester ungleich mehr zum Dienst verpflichtet als der Laie. Er lässt sich nicht in eine Lebensform pressen mit abgezählten Stunden. Der Priester ist immer im Dienst.

Als Dienst an den Seelen betrachtete ich auch die zahlreichen Vorträge, die ich in Deutschland, in Österreich und in der Schweiz vor den durch die Veränderungen in der Kirche verunsicherten, beunruhigten und empörten Gläubigen hielt. Viele ratlose, verwirrte, entrüstete und verletzte Gläubige wandten sich an mich, baten um Aufklärung, Rat und Trost, sei es mündlich, fernmündlich oder brieflich. Es war mein Bemühen, ihren Fragen und Klagen gerecht zu werden, ohne ihren Glauben oder ihre Kirchlichkeit zu gefährden. Eines Tages besuchte mich der bekannte Schriftsteller Rudolf Krämer-Badoni. Er zeigte sich tief niedergeschlagen, verstört und empört über die Liturgiereform. Sie hatte ihn nicht nur um die Beheimatung in der Kirche gebracht, sondern auch seinen Glauben verletzt. Im Besonderen waren tiefe Zweifel in seiner Seele aufgestiegen betreffend des Messopfers. „Hostia", so führte er aus, bedeute „das Schlachtopfer". Jetzt habe man die Messe zu einer pseudoreligiösen Gemeinschaftsveranstaltung gemacht. Für ihn stelle sich die Frage, ob er weiter in der katholischen Kirche verbleiben könne, oder ob er sich den irdischen Freuden hingeben solle; er nannte „Steaks und Bordeaux".

Es kam soweit, dass gläubige, fromme und opferwillige, aber aufgebrachte und entschiedene Gläubige ihren bürgerlichen Kirchenaustritt erklärten und dazu übergingen, eigene Gottesdienste abzuhalten und eigene Gottesdienststätten zu schaffen. Zur Zelebration boten sich relegierte Priester oder Angehörige der Priesterbruderschaft St. Pius X. an. Den (bürgerlichen) Kirchenaustritt habe ich nie gebilligt und davon stets öffentlich und unter vier Augen abgeraten: „Eine kranke Mutter verlässt man nicht." Es bildeten sich Kreise, Gruppen und Vereinigungen von Gläubigen, die sich gegenseitig zu stützen versuchten und es bald unternahmen, den Glauben, den sie gelernt hatten, und die religiösen Formen, die sie geübt hatten, weiterzuführen. Es sei an die Una-Voce-Vereinigung, die sich (vergeblich) um die Erhaltung bzw. Wiedereinführung der Messe Pius' V. bemühte, erinnert. Wiederholt lud sie mich zu Vorträgen bei ihrer Jahrestagung ein. Mit der Zeitschrift „Una Voce Korrespondenz" gedachte sie, die Öffentlichkeit zu erreichen. Doch sie stieß auf eiserne Ablehnung. Auch der Freundeskreis um die von Wilhelm Schamoni gegründete und von Johannes Bökmann fortgeführte Zeitschrift „Theologisches" bat mich mehrere Male um einen Vortrag. Diese Zeitschrift bietet bis heute ein Forum gediegener theologischer Aufsätze und Abhandlungen.

Zu der Priesterbruderschaft St. Pius X. hatte ich allezeit ein gutes Verhältnis. Angeschlossen habe ich mich ihr in keiner Form. Ich verstand die Handlungsweise des Bischofs Marcel Lefebvre und habe ihn einmal getroffen. Der apostolisch gesinnte Franz Schmidberger besuchte mich wiederholt und bat um meinen Rat als Kirchenrechtler. So empfahl ich ihm, das Angebot Benedikts XVI. zur Wiederherstellung geordneter Verhältnisse anzunehmen. Meine Loyalität gegenüber der Kirche hat nie geschwankt und wurde wohl auch von meinen Gegnern und Feinden nicht angezweifelt. Sie war es ja, die den Widerstand gegen Zerfall und Zersetzung in dieser Kirche so schwer machte. Wir wussten, dass es keinen Platz außerhalb der Kirche gibt, an dem wir unser Heil wirken können. Also mussten wir unsere Bemühungen im Rahmen der hierarchischen Ordnung halten.

Der Lauf der Zeit forderte mich wiederholt auf, Rückschau zu halten. Für den Priester boten sich die runden

Priesterjubiläum 2011, Pfarrkirche Budenheim

Zahlen des priesterlichen Dienstes dafür an. So waren es 25, 50, 60 und 70 Jahre seit der Priesterweihe, wo ich anhielt, um in einem Gottesdienst Gott (und den Menschen) zu danken. Dieses Gedenken vollzog sich in bescheidenem Rahmen in einer Messfeier im Kreise meiner Angehörigen, Freunde und mir Anvertrauten.

2. Predigten

70 Jahre lang habe ich das Wort Gottes verkündigt. Dazu bereitete ich mich stets gründlich vor; ich konzipierte von Anfang an jede Predigt schriftlich. Dabei gab ich das wieder, was ich in meinem Studium gelernt und was ich mir daneben und danach angeeignet hatte. Mein Hauptgewährsmann war Michael Schmaus mit seiner vielbändigen Dogmatik.

Wiederholt traten Gläubige an mich heran mit dem Wunsch, ihnen die Tonbandaufnahmen meiner Predigten zu überlassen oder sie gedruckt vorzulegen. Gegenüber diesen Wünschen war und bin ich skeptisch. Denn ich habe noch keine Predigt gehalten, mit der ich zufrieden gewesen wäre, und darum sträubte ich mich gegen ihre Verbreitung. Dennoch gab ich schließlich dem Begehren nach. So kamen wiederholt Predigtsammlungen unter meinem Namen heraus. Ich kann nur zu Gott hoffen, dass sie Segen bringen mögen. Wohlmeinende Menschen drängten mich, die Predigten ins Internet zu stellen. Wiederum zögerte ich, meine Zustimmung zu geben, weil ich die Predigten für nicht genügend qualifiziert hielt, um sie der weiten Öffentlichkeit zu unterbreiten. Man stellte mir vor, es sei dies ein ernstes seelsorgliches Anliegen; die Predigten könnten den Lesern den Glauben und die Treue zur Kirche erhalten. So gab ich nach. Herr Groll, Herr Bastian und Frau Patricia Befard-Bitz zeichneten die Predigten auf und erfassten den Text auf dem Computer; ich sah sie durch, dann wurden sie ins Internet gestellt (www.glaubenswahrheit.org). Gebe Gott, dass Segen davon ausgeht!

3. Zelebration

Lehre und Praxis des Priestertums haben mich das ganze Leben über beschäftigt. Mag meine Verbindung mit dem Priestertum anfangs mehr willensmäßig und verstandesmäßig gewesen sein, so wuchs ich doch immer mehr gefühlsmäßig in es hinein und erfasste mit dem Herzen das unbeschreibliche Glück, als Stellvertreter Christi das Heilige Messopfer feiern und Sündern Befreiung von Schuld vermitteln zu dürfen. Die lebenslange Feier des Messopfers ist mir nicht zur geschäftsmäßigen Routine geworden; vielmehr ist mir sein Reichtum immer mehr aufgegangen, so dass es mir zum Lebensinhalt, Glück und Halt wurde. Nie habe ich begriffen, wie man die Zelebration unterlassen kann, wenn sie möglich ist. Gott wartet auf sie und die Menschen brauchen sie. Wenn ich verreisen musste, war stets meine erste Frage, wo und wann kann ich die Heilige Messe feiern.

In den Jahren der Seelsorge war die würdige Feier des Messopfers der erhabenste Dienst, den ich den mir anvertrauten Menschen leisten konnte. Die (notwendige) Wiederholung der Eucharistiefeier an den Sonntagen in der Diaspora hat mich nicht zur Nachlässigkeit verführt.

Von 1960 bis 1966 wohnte ich in Mainz. Der Weg aus der Neustadt zur Universität war beträchtlich. Die tägliche Heilige Messe feierte ich auf Bitten des Pfarrers Ludwig Beier in der Kirche St. Bonifaz der ebenso benannten Pfarrei. Am Sonntag wies er mir den Gottesdienst um 11.30 Uhr zu. Er war außerordentlich stark besucht. Die Bänke konnten die Teilnehmer nicht fassen; sie standen bis zur Kommunionbank. Jeden Samstag verwaltete ich dort das Bußsakrament. An Pönitenten fehlte es nicht. Schon die Nähe zum Bahnhof führte viele zur Beichte in die Kirche St. Bonifaz. Als an einem Heiligen Abend die Schar der Beichtenden nicht abreißen wollte, sperrte der Pfarrer ab einem bestimmten Zeitpunkt die Kirche zu (!).

1965/1966 baute ich im Verein mit den Eltern in Budenheim auf einem von mir erworbenen Grundstück ein Einfamilienhaus, in das ich am 8. September 1966 einzog. Ein ausgedehnter Garten gab dem Vater zu seiner großen Freude die Gelegenheit, erneut seine gärtnerischen Fähigkeiten zu beweisen. Den Weg zur Universität bewältigte ich mit öffentlichen Verkehrsmitteln, gelegentlich im Auto, wenn mich jemand mitnahm, selten zu Fuß. Ich zelebrierte jetzt die Heilige Messe täglich in Budenheim und predigte dort am Sonntag, war als Beichtvater tätig und stand (bei Abwesenheit des Pfarrers) wiederholt Sterbenden oder Ver-

Pfarrkirche Heiligste Dreifaltigkeit in Budenheim

unglückten bei. Einmal war ein Pkw auf einem Bahnübergang in der Nacht in einen vorbeifahrenden Zug gerast. Der Pfarrer war nicht am Ort, ich wurde zu der Unglücksstelle gerufen. Alle Insassen waren tot.

Mit dem seelsorglichen Engagement der vielen Pfarrer, die ich erlebte (von denen zwei das geistliche Amt während ihrer Tätigkeit in Budenheim aufgaben), war ich zumeist nicht zufrieden. Es fehlten meines Erachtens die Individualseelsorge (Hausbesuche), der apostolische Zug zur Gewinnung und Festigung der Gläubigen und die missionarische Komponente zur Rückgewinnung der Abgefallenen und Abständigen. Das Buch der Ausgetretenen, das ich mir zeigen ließ, hätte als bleibender Ansporn dienen müssen, die verirrten Glieder der Gemeinde zurückzuholen.

Die äußeren Voraussetzungen für den seelsorglichen Dienst waren reichlich vorhanden (Kirche, Pfarrhaus, Küsterhaus, Gemeindehaus, Kindertagesstätte, Bibliothek). Aber der Geist rastloser Hirtensorge war wenig ausgebildet. Äußere Tätigkeit mit Vereinen und Geselligkeit („Imbiss und Umtrunk") erweckte den Anschein einer lebendigen Pfarrei. Meine Maßstäbe waren anderer Art. Die Lebendigkeit musste sich zeigen im eifrigen Empfang des Bußsakraments und in der Kinderfreudigkeit der Ehepaare. An beidem war Mangel in Budenheim. In den über 50 Jahren meines Dienstes in Budenheim fand ich das zusammenfassende Urteil eines biederen Handwerksmeisters bestätigt, der zu mir sagte: „Hier ist immer auf Sparflamme gekocht worden." Diakon Walter Kost, ganz ein Mann der konziliaren Kirche, erklärte mir im Jahre 2019: „Budenheim ist eine sterbende Pfarrei."

Die sogenannte „Liturgiereform" löste die bisherige Form der Heiligen Messe ab. Nach gründlicher Prüfung der neuen Messe befand ich sie für zu leicht; ich vermisste den reichen dogmatischen Gehalt und die ergiebige Spiritualität der „alten" Messe. Dazu kamen weitere Einwände wie das pausenlose Reden und der Verlust des heiligen Schweigens. Meine Gedanken legte ich nieder in der Schrift „Die alte und die neue Messe". Sie wurde zum Stein des Anstoßes.

Mitglieder der Deutschen Bischofskonferenz, an der Spitze Julius Döpfner, forderten den Mainzer Bischof auf, gegen mich vorzugehen. Volk ließ mich kommen und unterrichtete mich von den gegen mich erhobenen Vorwürfen, die so weit gingen, er solle mich beanstanden, d.h. meines Lehrstuhls entheben. In dem Gespräch versuchte ich dem Bischof meine Überlegungen plausibel zu machen. Da ich von der Beseitigung der „alten" Messe Schaden für das gläubige Volk befürchtete, hatte ich den Widerstand gegen die neue Messe für legitim erklärt. Der Bischof ließ sich erwartungsgemäß nicht überzeugen, lehnte es aber auch ab, mich bei der Regierung zu beanstanden und so meine Tätigkeit als Theologieprofessor zu beenden. Doch zufrieden mit mir war er nicht. Den versuchten Nachweis, die Liturgiereform sei gescheitert, ließ er nicht gelten. Mein ehemaliger Regens und späterer Bischof von Fulda Eduard Schick, den ich bei einer Gelegenheit traf, unterrichtete mich davon, der Mainzer Bischof habe über mich „gestöhnt". Das Stöhnen der Gläubigen, die unter den amtlichen Pseudoreformen litten, drang nicht an sein Ohr.

Angesichts der nicht ganz klaren Rechtslage blieb ich bei der Feier der „alten" Messe. Infolge eines Konflikts mit dem Budenheimer Pfarrer wegen der (von mir abgelehnten) Handkommunion gab ich die Feier der Gemeindemesse auf und zelebrierte in der Werktagskapelle der Budenheimer Pfarrkirche lediglich eine Privatmesse („missa sine populo"), zu der sich aber täglich und auch sonntags eine kleine, treue Schar von Anhängern der „alten" Messe einfand. Dem Budenheimer Pfarrer war diese Messfeier missliebig. Er wollte sie in Vergessenheit geraten lassen und führte zweimal im Pfarrgemeinderat eine Abstimmung herbei, wonach ich in meiner Wohnung oder in Mainz die Messe feiern sollte. Der Generalvikar gab dem Ansinnen nicht statt und erklärte: „Zelebrieren müssen wir ihn ja lassen."

Dieser Modus vivendi dauerte mehrere Jahre. Inzwischen lösten sich mehrere Pfarrer in Budenheim ab. Sie traten nicht in die Fußstapfen des erwähnten Pfarrers. Die mir auferlegten Beschränkungen lockerten sich. Meine Messe wurde stärker frequentiert, die Predigt nicht behindert, endlich die Sonntagsmesse in das Hauptschiff der Kirche verlegt. Der größte Teil der Besucher dieses Gottesdienstes kamen (und kommen) von auswärts, aus Wiesbaden, Kreuznach, Oberhessen, Mainz und anderswoher. Die meisten Budenheimer Katholiken hatte der bewusste Pfarrer allerdings gegen die „tridentinische“ Messe immunisiert, und zwar so weit, dass sie lieber den Messbesuch unterließen, als in die „giftige“ Messe zu gehen. Ein Budenheimer Pfarrer gestand mir seine Zufriedenheit mit dem von mir gehaltenen Gottesdienst auf seine Art: „Sie verbessern (an den Zählsonntagen) meine Statistik.“ Bischof Lehmann ließ mich gewähren. Papst Benedikt XVI. rehabilitierte die „alte“ Messe vollends. Die Pfarrei hatte davon Gewinn, insofern meine Gottesdienstbesucher außerordentlich freigebig sind und eine Kollekte zusammenbringen, die weit über den Erträgen der Sammlung in den Messen im Ordo Pauls VI. liegen. Nun kam das Motu proprio „Traditionis Custodes“ des Papstes Franziskus. Es ist sein erklärtes Ziel, die Feier der „tridentinischen“ Messe ganz zu unterbinden. Es bleibt abzuwarten, wie es weitergehen wird.

Es ist das Glück meiner alten Tage, dass ich noch in der Lage bin, täglich das Heilige Messopfer zu feiern, am Sonntag zu predigen und das Bußsakrament (am Samstag, aber auch während der Woche) zu verwalten. Besonders erhebend hielt und halte ich den Herz-Jesu-Freitag. Von Anbeginn des Priestertums an übte ich die Anbetung des heiligsten Herzens Jesu mit feierlichem Gottesdienst, Gebet der Herz-Jesu-Litanei und eucharistischem Segen. Es fand und findet sich regelmäßig eine ansehnliche Zahl von Teilnehmern an diesem Akt der Anbetung und der Sühne ein. Als Küsterin steht mir seit vielen Jahren Frau Hildegard Schwandtner zuverlässig und gewissenhaft zur Seite.

Herz Jesu-Freitag

XXVII.

Die Sicht auf die Welt

1. Im NS-Regime

Die innere und äußere Politik meines Landes hat mich allezeit interessiert. In der Zeit des Dritten Reiches stand ich in Abwehrhaltung dem Regime gegenüber. Meine Ablehnung des Nationalsozialismus hat nie gewankt. An sachliche Informationen heranzukommen war in dem gelenkten Überwachungsstaat nicht leicht. Im Rundfunk konnte man ausländische Sender hören. Der vielgehörte englische Rundfunk war freilich auf Propaganda, weniger auf Information eingestellt. Der Schweizer Sender war vorsichtig-zurückhaltend. Die Tageszeitung in Reichenbach war dürftig und wenig aussagekräftig. Der Großvater schickte mir jede Woche die Zeitung „Das Reich" zu, die ein gewisses Niveau besaß, wo aber auch Goebbels in jeder Nummer einen Beitrag (mit manchmal überraschenden Aussagen) hatte. In der Liegnitzer Stadtbibliothek fand ich manche Schrift aus der Weimarer Zeit, die man offensichtlich vergessen hatte auszusortieren. In ihrem Lesesaal lagen die Zeitungen und Zeitschriften aus, die dem System entsprachen, wie „Der Angriff" und „Das Schwarze Korps". Die Bewertung der Aktivitäten des Regimes vollzog sich jedoch im Wesentlichen im Gespräch mit Gegnern aus meiner Familie und aus meinem Bekanntenkreis. In jenen Jahren habe ich manche Geistliche kennengelernt, in Liegnitz, Reichenbach und Umgebung. Einen Sympathisanten des Regimes habe ich unter ihnen nicht gefunden, wohl aber manche, die mit sarkastischen Bemerkungen ihre Gegnerschaft bekundeten, wie der Pfarrer von Langseifersdorf, der unserer Spielschar (des Hedwigspiels) einen „Hitlerkaffee“ anbot.

Die „Machtübernahme“ 1933 erlebten wir auf die Weise, dass das Parteiengetriebe aufhörte, auf den Straßen Ruhe einkehrte und Arbeitslose wieder Arbeit fanden. In Reichenbach wurden z. B. Notstandsarbeiten an der Peile durchgeführt und bald auch neue Häuser gebaut. Der Vater meines Freundes Klaus Schubert, der Tiefbauingenieur bei der Firma „Ziehl und Knäbich“ war, fand wieder Beschäftigung. Dass ein Großteil des Volkes das Regime bejahte, war meines Erachtens vor allem auf den von ihm bewirkten wirtschaftlichen Aufschwung und die eingeleiteten sozialen Maßnahmen („Winterhilfswerk“, „Kraft durch Freude“) zurückzuführen. Die Aufrüstung, die das Regime betrieb, machte den Bau von Kasernen notwendig. Der Großvater zeigte mir in den Ferien die neuen Gebäude in Liegnitz. An der Artilleriekaserne bewunderte ich die dort angebrachte Statue der heiligen Barbara.

Die Propaganda des Regimes glitt an mir ab. Die Reden Hitlers, die wir gelegentlich in der Schule anhören mussten, fand ich verworren. Die häufig am Anfang stehende „Parteierzählung“ war langweilig. Der englische Rundfunk verknüpfte propagandistisch geschickt Hitlers großsprecherische Ankündigungen („... Stalingrad berennen und es auch nehmen werden, worauf Sie sich verlassen können“) mit den Meldungen über die deutschen Niederlagen und Verluste. Die törichte Rede, die Hitleranhänger führten, dass, wenn Missstände in der Regierung oder Verwaltung zur Sprache kamen, sie beseitigt werden würden, „wenn das der Führer wüsste“, hielten wir für gänzlich unangebracht. Dieser Führer wusste nicht nur alles, sondern er war auch dafür verantwortlich. Das Bild, das ich von Hitler hatte, wurde durch die Biografien, die ich nach dem Krieg las, nicht geformt, sondern bestätigt.

Der religions-, christen- und katholikenfeindliche Kurs der nationalsozialistischen Organisationen und der Regierung war ständiges Gespräch in meiner Familie. Die Erdrosselung der Bekenntnisschule wurde mit Schmerz gesehen. Die Abschaffung des Religionsunterrichts nach der vierten Klasse der Oberschule war nach unserer Ansicht ein offenkundiger Verstoß gegen das Reichskonkordat. Die Zerschlagung der katholischen Jugendverbände traf auch meinen Bruder, der in den „Quickborn" eingetreten war. Die deutschen Bischöfe haben sich nach meinem damaligen und heutigen Urteil richtig verhalten. Sie gingen mit ihren Verlautbarungen und Verhandlungen, Vorstellungen und Protesten bis an die Grenze des Möglichen. Schärfere Töne hätten unweigerlich den Gläubigen großen Schaden und der kirchlichen Tätigkeit weiteren Abbruch gebracht, ohne etwas Positives zu bewirken.

Die Hirtenbriefe der Bischöfe wurden von den Gottesdienstbesuchern als mutig und glaubensstärkend empfunden. Bei aller Vorsicht der Formulierungen verstanden wir die Abwehr der Übergriffe des Regimes und die klare Herausstellung der christlichen Position. Die schon damals von manchen und nach dem Krieg von vielen vorgetragene Kritik an ihrem Verhalten geht an der Tatsache vorbei, dass das Regime seine Möglichkeiten zur Drosselung des kirchlichen Lebens keineswegs ausgeschöpft hatte und weitere Beschränkungen denkbar gewesen wären, ohne dass das System in Gefahr geraten wäre. Wie wir nach dem Krieg erfuhren, war es Hitler selbst, der sich wiederholt der Verschärfung der kirchenfeindlichen Maßnahmen widersetzte, selbstverständlich nicht aus Zuneigung, sondern aus Berechnung.

Hitlers rabiate Außenpolitik war riskant und musste unserem Land Misstrauen und Feindschaft eintragen. Das Lied „Deutsch ist die Saar" sangen wir 1935 noch mit Zustimmung. Der „Anschluss" Österreichs an das Deutsche Reich erfreute uns allein deswegen, weil er die Zahl der katholischen Bürger beträchtlich vermehrte. Ähnliche Empfindungen hatten wir bei der Eingliederung der sudetendeutschen Gebiete. Die Besetzung der Tschechei war als eindeutiger Übergriff erkennbar. Allerdings wussten wir auch um die Benachteiligung und Unterdrückung der deutschen Bevölkerung in dem benachbarten Lande. Die Unterstützung der Erhebung Francos in Spanien durch Deutschland hielt ich für gerechtfertigt. Eines der ersten Bücher, die ich erwarb, trug den Titel „Die Helden des Alcazar" (von Toledo). Seit dieser Zeit hat mir Spanien stets am Herzen gelegen. In München lernte ich den dort studierenden Rouco Varela kennen und rezensierte seine Dissertation. Er stieg bis zum Erzbischof von Madrid auf. Die Verbindung mit ihm hält bis zur Stunde an. Hitler wollte den Krieg und er trieb in den Krieg. Mit Gewalt und Lüge kann man zwar eine gewisse Zeit die Staatenwelt erschrecken und täuschen, aber nicht für immer. Wiederholt erklärte er, dies oder jenes sei seine letzte territoriale Forderung, und bald darauf brach er dieses Versprechen. Diese Wortbrüche mussten das Ausland erbittern und jeden nachdenklichen Deutschen mit Sorge erfüllen. Papst Pius XII. versuchte mit rastlosem Einsatz, den Ausbruch des Krieges zu verhindern, aber er wurde nicht gehört. Mit dem Überfall auf Polen begann das Unheil seinen Lauf zu nehmen.

Mir schien es ausgeschlossen, dass ich selbst noch zur Wehrmacht eingezogen werden würde, da ich beim Ausbruch des Konfliktes erst zwölf Jahre alt war. Die Siege der ersten Jahre des Krieges berauschten mich nicht. Meine Tante Lina Pietsch sagte von Anfang an: „Die siegen sich zu Tode." Sie nahm ihre Gewissheit aus der Kenntnis der Geschichte, wonach extreme Mächte stets zum Untergang verurteilt sind. Den Kampf gegen die Sowjetunion verfolgte ich auf einer großen Landkarte minutiös. Seit langem hatte ich Sympathien für Russland und das russische Volk, habe viele Bücher über das Land und seine Bewohner gelesen, freilich (außer den Klassikern wie Tolstoi und Dostojewskij) meist antibolschewistische Literatur („Der verratene Sozialismus", „Vom Zarenadler zur roten Fahne"), und hielt im Gedenken an Napoleons Feldzug einen Sieg über das Riesenreich für ausgeschlossen. Durch das Abhören ausländischer Sender war ich dagegen gefeit, die „Siegesmeldungen" und Kommentare des Regimes zur militärischen Lage unbesehen zu übernehmen.

Nach der verheerenden Niederlage in der Winterschlacht 1941/1942 und erst recht nach der Katastrophe von Stalingrad musste jedem, der die Lage vorurteilsfrei ins Auge fasste, klar sein, dass die Sowjetunion nicht zu besiegen war, sondern selbst siegen würde. An die versprochene militärische Wende durch die „Wunderwaffen" haben wir nicht geglaubt. Wohl fürchteten wir, dass sie das Ende des Krieges hinauszögern und die Erbitterung der Feinde steigern würden. Der Bombenkrieg verschonte Schlesien; unsere Heimat war eine Art deutscher Luftschutzkeller. Aber das unaufhörliche Näherrücken der Front im Osten musste selbst einen Blinden belehren, dass der Krieg längst verloren war, bevor er beendet wurde. Wir waren sicher, dass das Unheil Deutschlands und Europas mit dem Namen Hitler beschlossen war. Er musste beseitigt werden.

Das Misslingen der Erhebung des 20. Juli 1944 erfüllte uns mit tiefer Niedergeschlagenheit. Der Langenbielauer Mitschüler Egon Flechtner berichtete mir, seine (katholische) Mutter, die aus dem Schwäbischen stammte, habe von den Stauffenbergs als einem „dekadenten Geschlecht" gesprochen. Das war weit gefehlt. Sich opfernde Helden sind nicht dekadent. So kam der vorausgesehene Zusammenbruch des Regimes. Das Ende des Krieges befreite Europa von einem verbrecherischen System, brachte aber unsagbares Elend über unser Volk. Für Schlesien war es die Vernichtung eines viele Jahrhunderte alten deutschen Landes und deutscher Kultur. Die Amputation des deutschen Ostens war durch keinen Aufweis deutscher Schuld zu rechtfertigen. Selbst düstere Prognosen hatten eine solche Tragödie nicht für möglich gehalten.

2. In der Bundesrepublik Deutschland

Den Wiederaufbau nach der Katastrophe begleitete ich mit großer Anteilnahme; denn ich war stets ein deutscher Patriot. Das parlamentarische oder Parteiensystem betrachtete ich skeptisch. Dass dort der Volkswille zum Ausdruck komme, vermochte ich nicht nachzuvollziehen. Immerhin erklärte ein Mann wie Martin Niemöller, die Regierungsform der Demokratie sei für die Deutschen nicht geeignet. Das Getriebe der Parteien, die fast immer auf den Schlitz in der Wahlurne schielen und ihre Klientel bedienen wollen, stieß mich ab. Selbstverständlich war und bin ich ein loyaler Staatsbürger mit unbedingter Treue zur Verfassung. Doch fand ich im Grundgesetz schwere Mängel.

Die ungemessene Ausdehnung und Anwendung gewisser Grundrechte kann auf die Dauer kein Staat verkraften. Wer aber hier Einschränkungen vorschlägt oder vornimmt, muss mit der Zurückweisung durch das Bundesverfassungsgericht rechnen. Die Verwaltungsgerichtsbarkeit erschien mir zu weit ausgedehnt. Ein hoher Jurist aus Bonn erklärte mir einmal:

„Wir haben keinen Rechtstaat, sondern einen Rechtsmittelstaat." Das gleiche gilt für die Verfassungsgerichtsbarkeit. In allzu vielen Fällen erfolgt eine politische Entscheidung nicht in Regierung und Parlament, sondern in einem Senat des Verfassungsgerichts. Das Bundesverfassungsgericht selbst schien mir immer mehr nach links abzudriften.

Aus der Ferne beobachtete ich das politische Leben und Treiben. Die Gründung von CDU und CSU betrachtete ich skeptisch. Eine interkonfessionelle Partei leidet an dem unaufhebbaren Gegensatz der sittlichen Prinzipien von Katholiken und Protestanten. Eine kleine, aber innerlich homogene Partei vermag stärkeren Einfluss auf die Politik zu gewinnen als eine große, die von Flügelkämpfen gelähmt ist und wo das Gewissen der Katholiken strapaziert wird. In politischer Hinsicht hielt ich mich in der Bundesrepublik völlig zurück, beobachtete zwar alles, aber meldete mich nicht in der Öffentlichkeit zu Wort. Mit Sorge sah ich die immer weitergehende Zurückdrängung christlicher Grundsätze in Gesellschaft und Staat. Mit Schmerz betrachtete ich die zunehmende Aufgabe christlicher Prinzipien auch in der CDU. Von meinem Wahlrecht habe ich stets Gebrauch gemacht und die CDU gewählt. Doch kamen mir immer stärkere Bedenken über deren Kurs.

Bundeskanzler Konrad Adenauer in Moskau (1955)

Konrad Adenauer schätzte ich wegen seiner persönlichen Integrität und seiner furchtlos bekannten Gläubigkeit. Seine konsequente Politik der Aussöhnung mit Frankreich war zu seiner Zeit wohl alternativlos. Im Wahlkampf erlebte ich ihn als einen sachlich argumentierenden Politiker; er sprach damals zum bayerischen Klerus in München. Franz Josef Strauß hielt ich für den einzigen genialen Politiker der Bundesrepublik. Leider hatte er manche menschliche Schwächen. Wie mir der Militärgeneralvikar Georg Werthmann erzählte, bat ihn dessen Frau: „Beten Sie für meinen Mann." Die Regierung Kohl war fast rein pragmatisch. Religiöse und weltanschauliche Voraussetzungen blieben unbeachtet. Als er einmal in der Mainzer Universität erschien, saß er mir gegenüber. Dabei fiel das Wort: „Der muss mich ja wählen."

Der Weg der Bundesrepublik war nach meiner Sicht ein ständig weiterschreitender Abbau von Religion und Sittlichkeit in der Bevölkerung, aber auch der menschlichen und politischen Tugenden. Die deutsche Wiedervereinigung begrüßte ich wie die meisten Deutschen. Zweimal begab ich mich nach Erfurt, um dort in den Archiven zu arbeiten bzw. einen Vortrag zu halten. Mehrere Bekannte aus der ehemaligen DDR besuchten mich in Budenheim, nicht zuletzt Günther Schoppa.

Der Regierungspolitik von Angela Merkel konnte ich nicht mehr folgen. Sie hat meines Erachtens das Land, aber auch ihre Partei in den Abgrund gezogen. Naturrechtliche, ethische und religiöse Motivationen scheinen ihr fremd zu sein. Dass die meist linksstehenden Journalisten mit ihr einverstanden waren, ist nicht zu verwundern. Mit souveräner Handhabung der politischen Tricks beförderte oder entfernte sie Männer, die ihr hätten gefährlich werden können. Jede ernsthafte Kritik – wie etwa die von Gertrud Höhler – prallte an ihr ab und blieb ohne Folgen. Ihre Politik erschien mir marklos und opportunistisch. Sie agierte nicht, sondern reagierte nur, und zwar mit dem Hauptziel, sich selbst an der Spitze zu halten. Es ist ihre Weise, Politik zu treiben, die eine Partei wie „Alternative für Deutschland“ entstehen ließ. Die CDU, die Frau Merkel hinterlässt, ist ein bloßer Wahlverein geworden. Es ist mir ein Rätsel, wie die vielen selbstlosen CDU-Wähler und CDU-Parlamentarier diese Frau so lange ertragen konnten.

Die deutsche Außenpolitik hielt ich häufig nicht für zielführend. Es war mir unbegreiflich, dass man versuchte, überall demokratische oder scheindemokratische Strukturen einzuführen, wo solche weder erwünscht noch durchführbar waren. Dass ein Staat gedeiht, wenn man in ihm Parteien bildet und den Bewohnern Wahlzettel in die Hand drückt, halte ich für einen gefährlichen Irrtum. Das relativ entspannte Verhältnis von Deutschen und Franzosen führte ich in der Hauptsache auf die Millionen französischer Kriegsgefangener zurück, die in Deutschland zumeist rücksichtsvoll behandelt und in erheblichem Maße wie willkommene Mitarbeiter gehalten wurden und nach der Rückkehr in ihr Vaterland vom Deutschenhass befreit waren. Das Wort „Freundschaft“ schien mir allerdings zu hoch gegriffen. Versöhnung ja, Verständigung ja, Abstimmung miteinander ja. Aber der Nationalismus, wenn nicht Chauvinismus, ist meines Erachtens in Frankreich unausrottbar. Er kann jederzeit wieder aufflammen. Bedenken hatte ich dagegen, dass die deutsche Außenpolitik das Verhältnis zu Russland vernachlässigte. Horst Teltschik schrieb richtig: „Europa braucht Russland und Russland braucht Europa.“ Eine vertrauensvolle Zusammenarbeit mit Russland zumal nach dem Zerfall der Sowjetunion wäre der Bundesrepublik wirtschaftlich und weltanschaulich von großem Nutzen gewesen.

Mich bewegte auch die Frage, ob die Europäische Union nicht zu weit getrieben war. Die Vision Charles de Gaulles vom „Europa der Vaterländer“ erschien mir sachgemäß. Mit

Erbitterung wurde ich gewahr, wie die Spitze und die Gremien der Union daran gingen, Länder zu maßregeln, die in Einzelheiten von dem liberalistischen und libertinistischen Kurs der Mehrheit abzuweichen wagten. Die Befürchtungen, die ich von Anfang an hatte, dass die Überdehnung der Europäischen Union zur allgemeinen Senkung des sittlichen Niveaus führen werde, haben sich in ungeahnter Weise erfüllt nach dem alten Gesetz: Der moralische Pegel einer Mehrheit ist unter dem Stand des Einzelnen. Unser deutsches Volk ist mehrheitlich religiös ausgelaugt, sittlich abgesunken und politisch desorientiert. Die Allianz mit den USA war nach dem Krieg unvermeidlich und blieb für das deutsche Sicherheitsbedürfnis unentbehrlich. Die Auswüchse der amerikanischen Demokratie mahnten jedoch zur Vorsicht bei der Übernahme amerikanischer Modelle.

Seit früher Jugend bin ich ein (kritischer) Zeitungsleser. Die Vielfalt der Presse hörte mit der „Machtergreifung" Hitlers auf. Gern griff ich in dieser Zeit neben den gelenkten Publikationsorganen auf Zeitungen zurück, die sich einen gewissen Freiraum bewahren konnten. Die Alliierten machten die Herausgabe einer Zeitung von ihrer Lizenz abhängig. Die „Lizenzpresse" konnte nur mit Einschränkung als frei bezeichnet werden. Als die „Pressefreiheit" eröffnet wurde, war ich in München. Dort galt die „Süddeutsche Zeitung" als das Blatt der Intellektuellen. Sie war linksliberal mit allen Fragwürdigkeiten, die diese Einstufung einschließt. Der „Münchener Merkur" war im Allgemeinen bieder und volkstümlich, vor allem aufgeschlossen für das Lokale und Regionale. Für viele Jahre abonnierte ich die „Frankfurter Allgemeine Zeitung".

Sie schien mir ausführlich und objektiv über die Angelegenheiten von öffentlichem Interesse zu berichten. So lange Heinz-Joachim Fischer das Ressort „Kirche" bediente, war ich auch mit der Behandlung kirchlicher Themen zufrieden.

Als Daniel Deckers ihn ablöste, war ich über dessen einseitige (progressistische) Reportagen betroffen. Sie waren der Anlass, dass ich das Abonnement kündigte. Die einzige in Mainz erscheinende „Allgemeine Zeitung“ ist eindeutig dem linken Spektrum des Journalismus verbunden. In weltanschaulicher Hinsicht muss sie auf katholische Leser nivellierend wirken. Man kann nur besorgt sein über den Einfluss, der von ihr ausgeht. Ihre monopolartige Stellung spricht der Informationsfreiheit Hohn. Die Meinungsfreiheit ist in Deutschland faktisch vielfältig eingeschränkt. Es herrschen die Vertreter sozialistischer, linksliberaler, unchristlicher Vorstellungen. Presse und Fernsehen sind m. E. hauptsächlich verantwortlich für die religiös-sittliche Auslaugung der katholischen Christen und für das schlechte Image der katholischen Kirche in der Öffentlichkeit.

Schluss

Insgesamt bin ich weit davon entfernt, mit Genugtuung auf mein Leben und Wirken zurückzublicken. Über mein Ungenügen war ich mir nie im Zweifel. Denn ich verglich mich mit denen, die besser waren als ich, und tat dies ohne Ressentiment. Mit meinen Leistungen war ich nie zufrieden, wusste vielmehr um ihre Schwächen und ihre Lückenhaftigkeit. Demütigungen hinzunehmen, fiel mir anfangs schwer. Aber ich lernte dazu, bestärkt durch Wort und Beispiel Bischof Pionteks sowie durch die (tägliche) Lektüre der „Nachfolge Christi". Nie litt ich an Überschätzung, eher am Gegenteil. Manchmal, vielleicht öfter war ich voreilig und handelte zu schnell. Weniger Engagement und Wagemut hätten meinem Frieden, meinem Ansehen und meinem Vorankommen mehr gedient. Im Reden hätte ich zurückhaltender und vorsichtiger sein sollen. Saloppe und überspitzte Äußerungen machten mir noch viele Jahre später Gewissensbisse. Gelegentlich mischte ich mich – mit guter Absicht – in die Angelegenheiten anderer ein und bescherte mir damit Unannehmlichkeiten. Man muss lernen, vielen Dingen ihren Lauf zu lassen, so sehr man auch mit Beteiligten, Zurückgesetzten und Unterdrückten leidet. Eines ist sicher: Ich habe mich in meinem Leben nie geschont und nicht bedeckt gehalten. Bei mir wusste jeder, woran er ist.

Es war mir schmerzlich, dass mir die Geläufigkeit im Gebrauch fremder Sprachen abging. Mit der Verständigung auf Englisch und Latein hatte ich keine Schwierigkeit. Dabei hatte ich ein merkwürdiges Erlebnis. Auf dem Rechtshistorikertag in Pescara hielt ich einen Vortrag in englischer Sprache. Danach sprach mich ein Franzose an: „Hätten

Sie Deutsch gesprochen, dann hätte ich Sie verstanden.“ Das Italienische habe ich mir soweit angeeignet, dass ich es leicht lesen und verstehen und mich auch in dieser Sprache verständigen konnte. Das Französische beherrschte ich passiv, das heißt, ich konnte französische Texte unschwer lesen und verstehen. Das Spanische eignete ich mir soweit an, dass ich spanische Literatur begreifen und rezensieren konnte. Als mich Mörsdorf nach Portugal schickte, musste ich versuchen, mich in die Sprache dieses Landes einzulesen. Es gab Kollegen, die sich im Ausland aufgrund ihrer Sprachkenntnisse besser zurechtfanden. Aber auch Mörsdorf war nicht polyglott. Es war einigermaßen peinlich, dass er auf dem Kongress in Rom 1966 seinen Beitrag in der deutschen Sprache vortrug, den dann ein Belgier ins Lateinische übersetzte. Ebenso habe ich bedauert, nicht Stenographie gelernt zu haben. Die Kurzschrift hätte mir vieles beim Aufnehmen und Schreiben erleichtert.

Den Glauben der Kirche habe ich angenommen und festgehalten nicht nur aus Gehorsam, sondern auch und erst recht aus Überzeugung. Ich sagte mir: Wie hätte Gott es (seinen Weltplan) denn machen sollen, um es den Menschen recht zu machen? Im Besonderen haben mir die sittlichen Gebote stets eingeleuchtet. So und nicht anders muss der Mensch handeln, wenn er der Vernunft Genüge tun und den Sachgegebenheiten entsprechen will. Allergisch reagierte ich, wenn jemand am Glauben der Kirche rüttelte. Mir war klar, dass die geringste Verschiebung im Glauben beträchtliche Änderungen im Leben der Kirche und des einzelnen Christen nach sich ziehen muss.

Für Glauben und Kirche setzte ich mich ein ohne Rücksicht auf meine Person, mein Ansehen und mein Vorankommen. Den Kampf für die Erhaltung der Identität der Kirche mit sich selbst führte ich nicht hinter vorgehaltener Hand, sondern offen und ungedeckt, nannte Ross und

Reiter, begnügte mich nicht mit dunklen Andeutungen. Freude an dem Kampf hatte ich nicht; er hat mir innerlich zugesetzt, aber ich wusste mich gedrängt von meinem Gewissen. Dabei habe ich schwere Schäden und schmerzliche Wunden erfahren; sie mussten um Gottes willen hingenommen werden.

Mich begleiteten eine Menge Gegner und auch manche ausgesprochenen Feinde. Der Grund war bei allen ein weltanschaulicher. Sie waren Progressisten oder Modernisten, welche die Kirche, den Glauben, die Moral, die Disziplin und den Gottesdienst nach ihren Vorstellungen ummodeln wollten. Man kann ja leicht zur „umstrittenen" Persönlichkeit werden. Umstritten sein ist ein Zeichen, dass man sich seine Unabhängigkeit bewahrt hat. Es war mir zum Schaden, das auszusprechen, was andere für sich behielten oder lediglich hinter vorgehaltener Hand andeuteten. Zur Erklärung kann ich nur darauf verweisen, dass mein Gewissen mich antrieb, mich zu exponieren. Mein Lehrer und Kollege Audomar Scheuermann nannte mich „einen unbequemen Mann, der von seinem Gewissen umgetrieben wird". Diese Qualifikation konnte ich akzeptieren. Man deckte mich ein mit Beschimpfungen, Schmähungen und Verriss. Noch wirksamer waren Boykott und Totschweigen. Doch ich habe die glückliche – geschenkte oder erworbene – Eigenschaft, nicht nachtragend zu sein, und verkehrte mit meinen Gegnern völlig unbefangen. Gegensätzliche Ansichten durften nach meiner Meinung das persönliche Verhältnis nicht trüben. Nicht alle teilten diese Einstellung.

In meinem langen Priesterleben habe ich viel Unterstützung, Beistand und Hilfe erfahren. Die Gläubigen lassen ihre Priester nicht im Stich. Stets hatte ich Freunde, die zu mir hielten und mich nicht verließen. Die Freundschaften dauerten ausnahmslos bis zu deren Abtreten von der irdischen Bühne. Auch meine Lehrer im Kirchenrecht standen zu mir. Klaus Mörsdorf und Audomar Scheuermann blieben mir gewogen bis zum Ende ihres Lebens.

Zweimal wurde mir eine Festschrift gewidmet, 1991 unter dem Titel „Fides et Ius", 2006 unter der Überschrift „Dienst an Glaube und Recht", in Letzterer mit einer Bibliografie der wissenschaftlichen Veröffentlichungen. Beide Schriften

Überreichung der Festschrift „Dienst an Glaube und Recht"
Von links: Verleger Prof. Dr. Norbert Simon,
Dr. Anna Egler, Prof. Dr. Wilhelm Rees
(Innsbruck), Prof. Dr. Georg May mit Festschrift

waren das Werk meiner nimmermüden Mitarbeiterin Anna Egler. Zahlreiche Kollegen beteiligten sich mit einem Beitrag.

Die Lebens- und Verhaltensregeln, die das Kirchenrecht dem Priester vorschreibt und die ich im Priesterseminar gelernt hatte, beobachtete ich gewissenhaft. Sie haben mich vor Gefahren bewahrt. Bei Vorlesungen trug ich die geistliche Kleidung, war also als Priester kenntlich. Dies bewährte sich, als einmal auf dem nahe der Mainzer Universität gelegenen

Friedhof ein Priester während einer Beerdigung zusammenbrach. Man rief mich zu ihm; ich beendete die Vorlesung und eilte ihm zu Hilfe. Der Zölibat ist mir nie fragwürdig geworden. Ich habe ihn stets als angemessen, ja notwendig angesehen. Er macht den Priester frei für Gott und die Menschen. Zölibatsmüden Priestern habe ich die durchschlagende Begründung für ihre Enthaltsamkeit in Erinnerung gerufen (1 Kor 7,32-34) und mit wachsendem Alter noch hinzugefügt: „Bedenken Sie, was uns erspart bleibt!"

Mir sind viele edle, anziehende Frauen begegnet. Keine Einzige ist mir zu nahe getreten. Für mich wollte ich keine gewinnen. Innerlich vornehme Frauen haben mir Ansporn zu Selbsterziehung und Selbstüberwindung geboten. Viele Frauen habe ich kennengelernt, die aus religiöser Gesinnung an sich gearbeitet haben, um Schwächen zu überwinden und Tugenden zu erwerben. Manche Frauen haben mir ihr ehrfürchtiges Wohlwollen erwiesen, mich in Krankheiten beraten und unterstützt, mir ihren Rat und ihre Korrektur geschenkt. In Spremberg lernte ich Frau Helene Jungnitsch kennen, deren Mann in den letzten Kriegstagen gefallen war. Sie stand mir mit Rat und Tat bei, etwa bei meinen Umzügen. Ihre drei Töchter durfte ich bei der Eheschließung trauen.

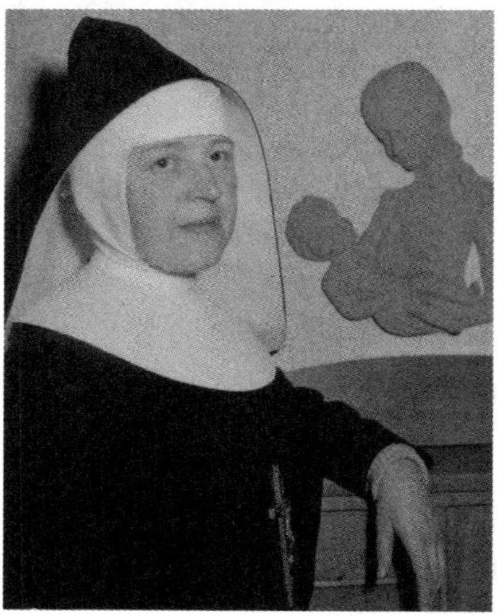

Schwester Floria Biersack vom Konvent der Mallersdorfer Schwestern in München, Kazmairstraße

In München nahm sich während der Jahre, die ich in der Kazmairstraße verbrachte, die ehrwürdige (Mallersdorfer) Schwester Floria Biersack meiner an. Es war eine Zeit höchster Anspannung und starker Heimsuchung, aber Schwester Floria stand mir zur Seite. In Mainz war mir Frau Dr. Anna Egler nicht nur eine zuverlässige Mitarbeiterin an meinem Lehrstuhl, sondern auch eine umsichtige Beraterin und Helferin in den Obliegenheiten und Fährnissen des Lebens. Als letzte studentische Hilfskraft stand mir die begabte und fromme Maria Rehm zur Seite. Sie schloss sich nach der Beendigung ihres Studiums den Dominikanerinnen von Fanjeaux an und betet noch heute für mich.

Stets habe ich ein einfaches, genügsames Leben geführt. Meine Bedürfnisse an Nahrung, Kleidung und Wohnung waren bescheiden. So hatte ich stets mehr Geld zur Verfügung, als ich benötigte. Es floss ausnahmslos in die missionarischen, apostolischen und pädagogischen Bemühungen der kirchlichen Verbände und Werke sowie an die Organisationen für medizinische Forschung und Betreuung.

Gern wäre ich gereist, hätte gern nahe und ferne Länder sehen und kennenlernen wollen. Aber die berufliche Arbeit, die immer

Schwester Stella Maria Rehm OP (2017)

betriebene Seelsorge und (nach dem Tod des Vaters 1971) die Pflege des großen Gartens ließen die Erfüllung dieses Wunsches nicht zu. Lediglich Rom besuchte ich drei Mal. Ich war beeindruckt von den vielen schönen Kirchen, betete an den Gräbern von Märtyrern und Päpsten und nahm an der Papstaudienz teil. Die abfälligen Urteile mancher Deutscher über Rom konnte ich nicht bestätigen. In meinem Landsmann Carlo Bayer fand ich einen altgedienten „Römer", der gerecht über die Stadt und ihre Bevölkerung urteilte. Die Italiener sind anders als wir, aber sie sind gewiss nicht schlechter.

Mir bleibt zum Schluss nur der Dank an Gott. Mein Religionslehrer und Freund Wilhelm Erben sagte mir kurz nach der Priesterweihe: „Du wirst geführt." Diese Führung habe ich deutlich gespürt. Hoffentlich bin ich ihr gefolgt. In jedem Fall bleibt das Bekenntnis: „Misericordias Domini in aeternum cantabo" (Psalm 99,1).

Auszug nach der Heiligen Messe (2001)

Monographien in Auswahl

Die geistliche Gerichtsbarkeit des Erzbischofs von Mainz im Thüringen des späten Mittelalters. Das Generalgericht zu Erfurt (= Erfurter Theologische Studien, Bd. 2), Leipzig 1956

Die Infamie im Strafmittelsystem des CIC, München 1957 (Masch.)

Die kirchliche Ehre als Voraussetzung der Teilnahme an dem eucharistischen Mahle (= Erfurter Theologische Studien, Bd. 8), Leipzig 1960

Die kanonische Formpflicht beim Abschluss von Mischehen, Paderborn 1963

Das evangelische Mischehenrecht, Trier 1964

Die Stellung des deutschen Protestantismus zu Ehescheidung, Wiederverheiratung und kirchlicher Trauung Geschiedener, Paderborn 1965

Das Versprechen katholischer Kindererziehung durch einen Protestanten in der Mischehe, Speyer 1965

Übertritte und Konversionen. Bemerkungen zur gegenwärtigen Lage in Deutschland, Freiburg i.B. 1967

Der Gebrauch der Volkssprache in der Liturgie nach der Konstitution des Zweiten Vatikanischen Konzils über die Heilige Liturgie vom 4. Dezember 1963 (= Schriftenreihe der Una Voce - Deutschland, Heft 2/1969), Berlin 1969

Interkonfessionalismus in der ersten Hälfte des 19. Jahrhunderts, Paderborn 1969

Die sogenannte Handkommunion. Ein Beitrag zur Praxis der kirchlichen Rechtsetzung in der Gegenwart (= Schriftenreihe der Una Voce - Deutschland, Heft 5/1970), 1.-3. Aufl., Berlin 1970

Demokratisierung der Kirche. Möglichkeiten und Grenzen, Wien 1971

Seelsorge an Mischehen in der Diözese Mainz unter Bischof Ludwig Colmar. Ein Beitrag zum Kirchenrecht und Staatskirchenrecht im Rheinland unter französischer Herrschaft (= Kanonistische Studien und Texte, Bd. 27), Amsterdam 1974

Die alte und die neue Messe. Die Rechtslage hinsichtlich des Ordo Missae (= Schriftenreihe der Una Voce - Deutschland, Heft 8/1975), Düsseldorf 1975; 2. Aufl., Düsseldorf 1976; 3. (durchges. und mit einem Register vers.) Aufl., St. Augustin 1984; 4. (durchges.) Aufl., St. Augustin 1991

Mit Katholiken zu besetzende Professuren an der Universität Tübingen von 1817 bis 1945. Ein Beitrag zur Ausbildung der Studierenden katholischer Theologie, zur Verwirklichung der Parität an der württembergischen Landesuniversität und zur Katholischen Bewegung (= Kanonistische Studien und Texte, Bd. 28), Amsterdam 1975

Echte und unechte Reform, Wien 1978; [2. unveränd. Aufl.], Stuttgart 2003

Interkonfessionalismus in der deutschen Militärseelsorge von 1933 bis 1945 (= Kanonistische Studien und Texte, Bd. 30), Amsterdam 1978

Die Krise der nachkonziliaren Kirche und wir, Wien 1979

Ludwig Kaas. Der Priester, der Politiker und der Gelehrte aus der Schule von Ulrich Stutz, 3 Bde. (= Kanonistische Studien und Texte, Bd. 33-35), Amsterdam 1981-1982

Die deutschen Bischöfe angesichts der Glaubensspaltung des 16. Jahrhunderts, Wien 1983

Mit A. Egler, Einführung in die kirchenrechtliche Methode, Regensburg 1986

Das Recht des Gottesdienstes in der Diözese Mainz zur Zeit von Bischof Joseph Ludwig Colmar (1802-1818), 2 Bde. (= Kanonistische Studien und Texte, Bd. 36 und 37), Amsterdam 1987

Kirchenkampf oder Katholikenverfolgung? Ein Beitrag zu dem gegenseitigen Verhältnis von Nationalsozialismus und christlichen Bekenntnissen, Stein a. Rh. 1991

Primizpredigten, ges. und hrsg. von J. Stengel, Köln 1991

Ego N.N. Catholicae Ecclesiae Episcopus. Entstehung, Entwicklung und Bedeutung einer Unterschriftsformel im Hinblick auf den Universalepiskopat des Papstes (= Kanonistische Studien und Texte, Bd. 43), Berlin 1995

Das verlorene Sakrament. Das Buß-Sakrament in unserer Zeit. Mit Auszug aus dem Apostol. Schreiben „Buße und Versöhnung", Stein a. Rh. 1996

Die andere Hierarchie (= Quaestiones non disputatae. Eine theologische Schriftenreihe Bd. II), Siegburg 1997, 2. Aufl., Siegburg 1998

Die Ehe nach Gottes Willen. Predigten zum Thema „Ehe und Familie", hrsg. von H. Groll, Lauerz 1999

Die kirchliche Eheschließung in der Erzdiözese Mainz seit dem Konzil von Trient (= Quellen und Abhandlungen zur mittelrheinischen Kirchengeschichte, Bd. 47), Mainz 1999

Die Sendung der Kirche. Ein Vortrag, gehalten am 10. April 1999 in Einsiedeln/Schweiz, Köln 1999

Das Priestertum in Anfechtung und Bewährung (= Schriften des Initiativkreises katholischer Laien und Priester in der Diözese Augsburg 19), Siebnach 1999

Die Rechtfertigung des Sünders. Nach katholischer Lehre und in der protestantischen Auffassung, Stuttgart 2000

Gelegen oder ungelegen. Ausgewählte Predigten zum 75. Geburtstag, hrsg. von H. Groll, Ruppichteroth 2001

Die Wahrheit verteidigen. Ausgewählte Schriften zum Goldenen Priesterjubiläum, hrsg. von H. Groll, Ruppichteroth 2001

Kapitelsvikar Ferdinand Piontek. Seine Persönlichkeit nach Begegnungen und Briefen (= Distinguo 6), Siegburg 2002

Schriften zum Kirchenrecht. Ausgewählte Aufsätze, hrsg. von A. Egler und W. Rees (= Kanonistische Studien und Texte, Bd. 47), Berlin 2003

Die Ökumenismusfalle (= Brennpunkt Theologie, Bd. 6), Stuttgart 2004

Die Organisation von Gerichtsbarkeit und Verwaltung in der Erzdiözese Mainz vom hohen Mittelalter bis zum Ende der Reichskirche, 2 Bde. (= Quellen und Abhandlungen zur mittelrheinischen Kirchengeschichte, Bd. 111/I-II), Mainz 2004

Die Pflicht des Pfarrers zur täglichen Zelebration der Messe (= Editiones Una Voce - Deutschland), Köln 2006

Die Auseinandersetzungen zwischen den Mainzer Erzbischöfen und dem Heiligen Stuhl um die Dispensbefugnis im 18. Jahrhundert (= Adnotationes ad Ius Canonicum, Bd. 40), Frankfurt a. M. (u. a.) 2007

Bischof Joseph Ludwig Colmar (1760-1818) als Seelsorger (= Mainzer Perspektiven: Aus der Geschichte des Bistums 5), Mainz 2010

Das Versöhnungswerk des päpstlichen Legaten Giovanni B. Caprara. Die Rekonziliation der Geistlichen und Ordensangehörigen 1801-1808 (= Kanonistische Studien und Texte, Bd. 59), Berlin 2012

Schriften zur Rechtsgeschichte. Ausgewählte Aufsätze, hrsg. von A. Egler und W. Rees (= Kanonistische Studien und Texte, Bd. 64), Berlin 2014

300 Jahre gläubige und ungläubige Theologie. Abriss und Aufbau, Bobingen 2017, 3. Aufl. 2021

Schriften zu Staat und Kirche. Ausgewählte Aufsätze, hrsg. von A. Egler und W. Rees (= Kanonistische Studien und Texte, Bd. 66), Berlin 2017

Predigten von 1986-2021: https://www.glaubenswahrheit.org

Seine Heiligkeit Papst Franziskus

erteilt in freudiger Anteilnahme
mit Dank an den Ewigen Hohenpriester Jesus Christus,
der in seiner Kirche zum Dienst an den Menschen
Priester in seine besondere Nachfolge beruft,

Hochwürdigem Herrn Prälat Prof. Dr. Georg May

zum 70-jährigen Priesterjubiläum
am 1. April 2021
von Herzen den

Apostolischen Segen

und erbittet ihm die Fülle der göttlichen Gnaden.

+ Nikola Eterović

Gegeben zu Berlin,
am Sitz der Apostolischen Nuntiatur,
den 1. April 2021

✠ Nikola Eterović
Titularerzbischof von Cibale
Apostolischer Nuntius

Päpstlicher Segen zum 70-jährigen Priesterjubiläum